AF192147

Mimi May Lehmann

WEG MIT DEM SCHEISS

Ich will jetzt ein einfaches Leben

Impressum

Bibliografische Information der Deutschen Nationalbibliothek:
Die Deutsche Nationalbibliothek verzeichnet diese Publikation in der Deutschen Nationalbibliografie; detaillierte bibliografische Daten sind im Internet über http://dnb.dnb.de abrufbar.

Herstellung und Verlag: BoD – Books on Demand, Norderstedt

ISBN: 978-3-757-863258

Inhaltsverzeichnis

Am Ende

Die Blätter an den Bäumen offenbarten ihre prachtvollsten Farben, und der Nebel hing wie eine kuschelige Decke über dem Gelände. Mein geliebter Oktober. Ich lag auf dem Sofa und konnte mich nicht im Entferntesten überwinden, etwas zu tun. Wenn ich nur schon an meine To-do-Liste dachte, hätte ich mich am liebsten totgestellt. Wie eine lautlose Drohung saß sie mir im Nacken. Ich wusste, dass ich für jede Minute, die ich tatenlos verstreichen ließ, später würde bezahlen müssen. Energielos nippte ich an meinem Kaffee und schaute zur Uhr, die in unserem weißen Landhausregal stand. Es war 11:30 Uhr, und der Minutenzeiger tickte unerbittlich weiter. Mir war klar, dass ich längst in der Küche stehen müsste, um das Mittagessen für die Kinder zuzubereiten. Aber was sollte ich kochen? Ich hatte keine Kraft, mir ein Menu zu überlegen. Und eigentlich hatte ich auch keine Zeit zum Kochen. Ich sollte meine To-do-Liste abarbeiten, die nie ein Ende nehmen wollte. Stattdessen war sie jeden Abend noch länger als am Morgen. Egal, wie fleißig ich schuftete, die Arbeit wurde einfach nicht weniger.

Ich war bereits seit siebzehn Jahren selbstständig im Homeoffice tätig. Als Betriebsökonomin betreute ich wohlhabende Unternehmer und managte ihre geschäftlichen wie auch ihre privaten Angelegenheiten. Man könnte auch sagen, ich war eine sehr gut ausgebildete Privatsekretärin. Das Betriebsökonomiestudium hatte ich Mitte dreißig mit zwei kleinen Kindern am Rockzipfel im Fernlehrgang gemacht, um nicht einzurosten und mich auf den neuesten Stand der Dinge zu bringen. Auf jeden Fall liebte ich meine Kunden und meine Arbeit. Ich lernte interessante Menschen kennen, in deren elitären Reihen man sonst keinen Einblick bekam. Ich war zu exklusiven Anlässen eingeladen, und manchmal konnte ich sogar meine Familie mitnehmen.

Meine Kunden waren meine Mentoren. Von ihnen lernte ich viel über das richtige Geld-Mindset und über pragmatische Businessführung. Mich ehrte das Vertrauen, das sie mir entgegenbrachten, und ich liebte die Zusammenarbeit auf Augenhöhe. Mein Tätigkeitsbereich war vielseitig und reichte von anspruchsvollen Verhandlungen bis zum Management des Hauspersonals. Aber jetzt, nach all den Jahren der Dauerbelastung, hatte ich keine Lust und keine Kraft mehr, sämtliche To-dos in meinem Kopf zu behalten.

Und dann wurde alles noch schlimmer, als die Tesla-Vermietungsplattform dazukam, die mein Mann und ich seit einigen Monaten zusammen führten. Ursprünglich war bloß geplant, dass wir meinen Tesla vermieteten. Eine Art Carsharing, weil ich das Fahrzeug selten brauchte. Doch wir wurden mit Mietanfragen überrannt, und ehe wir uns versahen, hatten wir drei eigene Teslas und acht Partner, die ihre Fahrzeuge über unsere Plattform vermieteten. So kam ich quasi wie die Jungfrau zur Tesla-Vermietung, wobei ich dieses Baby eigentlich nie mochte. Keine Frage, ich liebte die edlen Geschosse aus Kalifornien, eine wahrhaftige Symphonie der Eleganz. Aber als introvertierte Person hasste ich den Kontakt und den Smalltalk mit ständig neuen Mietern.

Zudem belastete die geschäftliche Zusammenarbeit mit meinem Mann zusehends unsere Ehe. So vollkommen wir privat harmonierten, so unterschiedlich waren wir in geschäftlichen Belangen. Er, der Social Butterfly, der vor Energie nur so strotzte und Stillstand nicht ertragen konnte. Ich, die verschrobene Einzelgängerin, die lieber gemütlich und alleine arbeitete. Kurz gesagt, um es bildlich zu formulieren: Ihm schien die Sonne aus dem Arsch und ich liebte den Regen. Wo er der Meinung war, man sollte wachsen, indem man unangenehme Arbeiten anpackt, fand ich, dass jeder sein persönliches Potenzial nutzen sollte. Für mich als Anti-Teamplayerin war einer der wenigen Vorteile von Teamarbeit, wenn die Aufgaben dem jeweiligen Naturell entsprechend verteilt wurden. Das Ganze gipfelte zuletzt darin, dass ich mich am liebsten versteckt hätte, wenn mein Mann in unserer Wohnung um die Ecke kam, nur weil ich befürchtete, er käme mit noch mehr unangenehmen Aufgaben auf mich zu. Dabei war mehr Arbeit oder neue Herausforderungen das Letzte, was ich jetzt noch gebrauchen konnte.

Ich schaffte es ja kaum mehr, den Alltag zu bewältigen. Seit Monaten lief ich nur noch im Überlebensmodus. Ich wusste nicht, wo mir der Kopf stand. Ich arbeitete jeden Tag. Sogar sonntags, in der Hoffnung, entspannter in den Montag starten zu können. Was natürlich nie passierte. Denn sobald ich am Montagmorgen mein Notebook öffnete, hatte ich bereits wieder unzählige neue Emails auf dem Bildschirm. Und jede einzelne davon bedeutete noch mehr Arbeit.

Über die Jahre waren Arbeit und Privates unbemerkt ineinander verschmolzen. Einerseits lag dies an dem Umstand, dass ich von zu Hause aus arbeitete. Zum anderen hatte ich den Anspruch, die Anliegen meiner Kunden innerhalb von 24 Stunden zu erledigen, was es mir unmöglich machte, eine feste Grenze zwischen Arbeit und Privatleben zu ziehen. Und so kam es, dass es in meiner Familie weder Wochenenden noch Feiertage oder gar Ferien gab.

Und jetzt schien es, als ob dieses geschäftige Leben seinen Tribut forderte. Ich schaffte es keinen einzigen Tag mehr, alle Verpflichtungen unter einen Hut zu bekommen. Lieber wäre ich in eine Scheune ohne Heizung und mit einem Außenklo gezogen, als noch mehr managen zu müssen.

Kraftlos schleppte ich meinen Körper in die Küche. Durchs Fenster beobachtete ich die Menschen, die an unserem Haus vorbeispazierten. Sie alle hatten Zeit für Sport oder für Spaziergänge mit Freunden und hatten trotzdem Geld. Was hatte ich verkehrt gemacht? Wann genau war ich auf meinem Lebensweg falsch abgebogen?

Ich war einmal eine ehrgeizige Businessfrau und fürsorgliche Mutter gewesen, die sich elegant und mühelos in beiden Welten bestens zurechtfand. Inzwischen war von dieser Frau nur noch ein jämmerlicher Schatten übrig. Ich war ein Wrack, das sich am liebsten weinend auf den Boden geschmissen hätte, wenn ich nur an meine täglichen Aufgaben dachte. Jede kleinste Anforderung brachte mich bereits ans Limit. Einen Menüplan für die nächste Woche erstellen – undenkbar! Frühstück für die Jungs zubereiten – ich brach schon beim Gedanken daran beinahe zusammen. Wo war meine Lebensfreude hin? Das Einzige, worauf ich mich noch freute, war, um 20 Uhr ins Bett zu kriechen.

Dabei war es Herbst. Meine absolute Lieblingsjahreszeit! Ich freute mich jeweils schon im Januar darauf. Auf die wunderschönen nebligen Tage, die mich so mit Glück und Wonne erfüllten, dass ich mich darin hätte wälzen können. Auf die beruhigenden Rufe der Raben und den göttlichen Duft von verbranntem Holz, welcher aus den Kaminen der alten Bauernhäuser strömte. Ich liebte die Abendspaziergänge durch unser Dorf und über die Felder mit meinen Jungs, kurz bevor die blaue Stunde der vollkommenen Dunkelheit wich. Doch jetzt wollte ich nur noch ins Koma fallen und erst wieder erwachen, wenn sich mein Leben nicht mehr so unglaublich schwer und anstrengend anfühlte.

Ich war ganz unten. Am Ende. Und langsam wurde ich richtig wütend. Wütend, weil ich mich gefangen fühlte, gefangen in meinem eigenen Leben. Im Würgegriff der Arbeit und verdammt dazu, ununterbrochen vor mich hinzuackern. Wütend, dass ich mich nicht einmal mehr mit Verwandten und Bekannten traf, weil ich nicht wusste, wann ich die verlorene Arbeitszeit wieder aufholen sollte. Schon seit frühster Kindheit war ich ein eigenwilliger Freigeist, ein leiser Rebell, der nichts mehr verabscheute als Zwänge und Druck jeglicher Art. Ironischerweise befand ich mich jetzt aber genau dort: im Schlund sämtlicher vorstellbarer Zwänge und dem ständigen Druck, noch etwas erledigen zu müssen. Und ich sah aktuell keinen Ausweg, mich daraus zu befreien.

Mit größter Anstrengung hatte ich es geschafft, ein einfallsloses Mittagessen auf den Tisch zu bringen. Und nachdem die Jungs wieder in die Schule gingen, konnte ich mich gerade noch dazu aufraffen, das Geschirr in die Spülmaschine einzuräumen, bevor ich mich erneut aufs Sofa fallen ließ. Im Fernsehen lief ‹Heartland›, eine kanadische Serie über eine Familie, die auf ihrer Farm in den Rocky Mountains verwahrloste Pferde gesundpflegt. Eine idyllische Welt, in der es ruhig und gemächlich zuging. Am liebsten wäre ich dort hingezogen und hätte all den Businessscheiß hinter mir gelassen. Ich hätte mit Amy die Ställe ausmisten können und wäre mit Jack nach Hudson gefahren, um das Tierfutter zu besorgen.

Während ich Jack und Amy zusah, sehnte ich mich immer mehr nach einem einfachen Leben. Ein ruhiges, überschaubares Dasein, das mir genügend Zeit ließ für meine Kinder, meine Familie und mich. In meinem jetzigen Leben gab es einfach zu viele To-dos, zu viele geschäftliche Verpflichtungen und Probleme, zu viele Ängste und auch zu viele unbegründete Sorgen.

Mir war klar, dass ich mit meinem Mann darüber sprechen musste. Nur zusammen konnten wir den Karren aus dem Dreck ziehen. Ich hatte schon einige Male angedeutet, dass ich nicht mehr zufrieden war, und natürlich hatte er es auch selbst bemerkt. Schließlich war mein betrübter Zustand unübersehbar, und ich hätte es ihm nicht verübelt, wenn ihn bei meinem erbärmlichen Anblick der Wunsch überkommen hätte, sich von einer Brücke zu stürzen. Zum Glück hatten wir eine Beziehung, in der ehrliche und ungeschönte Kommunikation selbstverständlich war.

Mein größtes Problem war die Notwendigkeit, weiterhin Geld zu verdienen. Unser Familiensystem war von jeher so aufgebaut, dass mein Mann und ich gemeinsam für Haushalt, Kinder und Einkommen verantwortlich waren. Für mich war der Gedanke unerträglich, meinen Mann in finanzieller Hinsicht hängen zu lassen. Wenn ich den Bettel hinschmiss und mein Business aufgab, woher sollte dann die Kohle kommen? Für einen Sugardaddy war ich zu alt, um von meinem Vermögen zu leben, zu arm, für OnlyFans zu verklemmt. Wenn Geld in meinem Leben keine Rolle spielen würde, hätte ich ehrlich gesagt am liebsten einmal gar nichts gearbeitet. Ich hätte mich vollkommen den Kindern widmen können, ohne diese ständigen Bedenken, weder dem einen noch dem anderen vollständig gerecht zu werden.

Ich wünschte mir eine Auszeit, um mir darüber klar zu werden, wie es weitergehen sollte und was ich aus tiefstem Herzen gerne tun wollte. Doch leider spielte Geld noch eine Rolle, und ich musste jetzt unbedingt mit meinem Mann darüber reden. Und zwar gnadenlos ehrlich und mit der nötigen Dramaturgie, damit ihm dieses Mal auch wirklich klar wurde, wie ernst es mir war. Wie schlecht es mir ging. Und das schon seit Monaten, nein, eigentlich schon seit Jahren. Ich wollte ihm verdeutlichen, dass wir jetzt etwas ändern mussten, weil es so, wie es war, einfach keinen Spaß mehr machte. Dass meine emotionale Verfassung absolut inakzeptabel war. Dass ich mittlerweile eher bereit war, mit einem Minimum an Einkommen zu leben und nötigenfalls auch zu viert in eine Einzimmerwohnung zu ziehen, als auch nur einen einzigen Tag so weiterzumachen.

Mein Mann verstand es. Er wusste genauso gut wie ich, dass das Arbeiten-gegen-Geld-Prinzip für uns nicht mehr zufriedenstellend war. Eben dieses Arbeitsmodell war es schließlich, welches mich in diese unerträgliche Situation gebracht hatte. Denn wenn ich nicht arbeitete, verdiente ich nichts. Also arbeitete ich praktisch nur noch. Selbstständig eben, wie es der Begriff schon sagt: alles selbst und das ständig.

Mein Mann erzählte mir dann von Amazon FBA. Bei diesem Businessmodell kaufte man Produkte ein und verkaufte diese unter seiner eigenen Marke bei Amazon. Die Idee gefiel mir. Es klang simpel; ich könnte allein und ortsunabhängig arbeiten. Außerdem würde ich langfristig ein fast passives Einkommen erzielen, wenn das Geschäft erst einmal aufgebaut war. Amazon FBA klang wie die Lösung für all meine Probleme. Also besuchte ich kurz darauf ein Seminar, um alles darüber zu lernen.

Wie vereinfache ich mein Leben?

In den kommenden sechs Monaten arbeitete ich mehr als je zuvor, denn ich baute mein Amazon-Business auf. Und zwar bei Amazon USA, weil es für mich als Schweizerin unkomplizierter war, in den USA zu wirtschaften, als im europäischen Raum. Ein Nachteil war, dass ich alles in Englisch und somit nicht in meiner Muttersprache machen musste. Aber am Ende des Tages war es immer noch das kleinere Übel, als mich mit der unsäglichen europäischen Bürokratie herumzuschlagen.

Der letzte Frühlingsmonat hatte gerade erst begonnen und meine Freude war grenzenlos: Am 2. Mai wurde mein Produkt das erste Mal gekauft. Her mit dem Champagner! Es funktionierte tatsächlich! Endlich wurde ich für meine investierten Mühen und Nerven entschädigt.

Ich werde an dieser Stelle nicht ausführen, mit welchen Problemen ich zuvor konfrontiert war, wie viel ich organisieren, googeln und youtuben musste, welche Nerven mich das Unternehmen Amazon selbst gekostet hat. Es ergäbe ein eigenes Buch. Und zwar ein Drama in sieben Akten. Trotzdem machte ich weiter, blieb dran, gab nicht auf, denn ich war mir sicher: Das Amazon-Business würde mein Ticket in die Freiheit sein. Die Aussicht auf ein freier bestimmtes Leben und mehr Zeit mit meiner Familie trieb mich an, nochmals ganz von vorne zu beginnen. Dafür war ich bereit, etwas zu wagen, ein finanzielles Risiko einzugehen und mich in unbekannte Materie einzuarbeiten.

Das bedeutete allerdings auch, dass ich nun neben meinen Aufgaben als Millionärsmanagerin, Tesla-Vermieterin und Mutter auch noch mein Amazon-Team navigieren musste: den Hersteller in China, die Illustratorin in der Ukraine, den Amazon Account Manager in Pakistan, meine beiden Zwischenlager in den USA, den Spediteur in der Schweiz – alles in verschiedenen Zeitzonen und mit unterschiedlichen kulturellen Arbeitsweisen. Und selbstverständlich traten ständig neue Schwierigkeiten auf.

Zuerst gab es keine Flugfracht mehr, weil wegen der Pandemie nur noch wenige Flugzeuge starteten. Also musste ich auf Schiffsfracht umsteigen, weshalb es viel länger dauerte, bis die Ware in den USA ankam. Natürlich war ich nicht die Einzige mit diesem Problem, und der Kampf um einen Platz auf dem Schiff ging los. Die Preise vervierfachten sich, und die Frachtcontainer wurden knapp. Dann meldete sich der amerikanische Zoll: Die Waren seien zu spät angemeldet worden, und eine Buße wurde fällig. Es war wie der Vorhof zur Amazon-Hölle!

Mit jeder neuen Hürde, die sich mir in den Weg stellte, schwand meine Motivation und die Zuversicht, dieses Geschäft zum Erfolg zu führen. Die finanziellen Sorgen begannen zunehmende Besorgnis in mir zu wecken. Während ich alle meine Freelancer und Zulieferer zuverlässig bezahlte, blieb für meine Firma nichts übrig. Ich fragte mich ernsthaft, wozu ich mir all das antat.

Und während ich immer heftiger an mir und meinen ökonomischen Fähigkeiten zweifelte, traf mich der Prüfbericht meines Qualitätsmanagers in China wie ein Drama von epischen Ausmaßen: Von den 2.000 produzierten Artikeln waren gerade einmal 800 in verkaufbarem Zustand. Der Rest wies gravierende Mängel auf. Der Zustand der Waren war weit entfernt von der Qualität, die ich meinen Kunden bieten wollte.

Die Probleme um mich herum schienen wie ein unablässiger Bombenhagel auf mich einzuprasseln. Der Beschuss erreichte eine derartige Intensität, dass ich mich nicht länger in der Lage fühlte, mich zu verteidigen. Meine Kräfte waren erschöpft und das Unvermeidliche trat ein: Ich brach zusammen. Nicht körperlich, sondern auf einer viel tieferen, geistigen Ebene. Die ständige Konfrontation mit immer neuen Problemen hatte Spuren hinterlassen.

Eines Morgens war ich nicht mehr in der Lage, mein Büro zu betreten. Beim bloßen Gedanken daran wurde mir übel. Mein Herz pochte immer heftiger und mein Körper zitterte. Ich hatte furchtbare Panik, weiteren Problemen gegenüberzustehen, wenn ich mein Notebook öffnete. Der enorme Stress, der unbeschreibliche Druck! Ich fühlte mich wie von einem Güterzug überfahren und von einer Dampfwalze in den Boden gestampft.

Da saß ich nun, ein zittriges, nassgeschwitztes Häufchen Elend, das sich vor einem Notebook fürchtete. Und genau in diesem Moment war sie wieder da, diese unbändige Sehnsucht nach einem einfachen Leben! Ein unkompliziertes, leichtes Leben ohne kilometerlange To-do-Listen, Probleme und Widerstände die ich beseitigen musste.

Nachdem ich mir eine Kippe und einen – unter diesen Umständen – entkoffeinierten Espresso gegönnt hatte, hatten sich zumindest meine Schweißausbrüche gelegt. Mir war klar, dass ich jetzt handeln musste. Ich griff nach meinem Handy. ‹Wie vereinfache ich mein Leben?›, tippte ich mit schlaffen Fingern in die Suchmaske ein. Und Google zeigte mir ein Buch an, das den Titel trug ‹simplify your life›. Die Autoren des Buches, Werner Tiki Küstenmacher mit Lothar Seiwert, beschreiben darin, wie man verschiedene Bereiche seines Lebens vereinfachen kann und in einem undurchsichtigen Durcheinander wieder mehr Klarheit erlangen kann. Meine Neugierde war geweckt und gleichzeitig flammte ein kleiner Hoffnungsschimmer in mir auf. War dieses Buch der Schlüssel, um meinem persönlichen Albtraum zu entkommen?

Ich bestellte das Buch und brauchte nur zwei Tage, um es komplett durchzulesen – bemerkenswert. Denn für gewöhnlich las ich keine Bücher, ich wollte sie selbst schreiben. Hier machte ich jedoch eine Ausnahme. Das Buch behandelte nicht nur das einfache Entrümpeln, sondern war eine Quelle der Inspiration dafür, wie man sein Leben auf allen Ebenen vereinfachen konnte. Jede Seite war eine kleine Offenbarung und mit jedem weiteren Kapitel, das ich las, änderte sich meine Einstellung zu meinen Besitztümern ein wenig mehr. Und obwohl ich in meinem Familien- und Bekanntenkreis dafür bekannt war, ein Faible fürs Aufräumen, Sortieren und Entrümpeln zu haben, wurde mir klar, dass ich noch nicht einmal ansatzweise damit begonnen hatte, mich von meinem ganzen Kram und Gerümpel zu befreien. Natürlich war es einfach, kaputte Pflanzentöpfe oder ausgedientes Spielzeug zu entsorgen. Als wir drei Jahre zuvor aus unserem großen vierstöckigen Haus auszogen, um in einer kleineren ebenerdigen Mietwohnung zu leben, hatte ich so viele Sachen aussortiert, dass der arme Toni, ein Freund der Familie und Gebrauchtwarenhändler, ganze sieben Mal mit seinem Lieferwagen kommen musste, um all unseren aussortierten Kram wegzukarren. Aber Gegenstände, die einen sentimentalen Wert hatten und mich damit in der Vergangenheit festhielten, waren eine ganz andere Geschichte. Die Informationen und Erläuterungen im ‹Simplify›-Buch brachten mich dazu, meine verkrampfte Vorstellung loszulassen, dass ich bestimmte Dinge unbedingt behalten müsste.

In meinem Fall zum Beispiel verschiedenste Exponate früherer Arbeitgeber, die ich in den Schränken und Schubladen in meinem Büro aufhob. Ich war stets stolz darauf gewesen, für diese Firmen tätig gewesen zu sein und hatte ihnen gegenüber eine starke Loyalität empfunden – eine der Big Four Wirtschaftsprüfungsgesellschaften, eine Schweizer Großbank, den schweizerischen Eishockeyverband. Aus der Zeit beim Eishockeyverband hatte ich noch viele Accessoires wie Wimpel, Eishockeystöcke mit Unterschriften von Spielern, Adressbücher, Sticker und vieles mehr. Genau diese Objekte waren es, die ich bei jedem Umzug mitgeschleppt hatte. Nicht, weil ich sie brauchte, sondern weil ich vermeiden wollte, mich mit ihnen auseinanderzusetzen. Weil ich wusste, dass ich unangenehme Entscheidungen würde fällen müssen, wenn ich es täte. Denn all diese Gegenstände repräsentierten mein früheres Leben und waren eine Art geliebte Statussymbole für alles, was ich bisher erreicht hatte. Obwohl sie in meinem jetzigen Leben keine Bedeutung mehr hatten, konnte und wollte ich mich bisher nicht von ihnen trennen.

Zunehmend fragte ich mich jedoch, wem diese Dinge eigentlich etwas beweisen sollten. Meinen Kindern? Eher weniger. Es liegt wohl in der Natur von Kindern, dass sie nichts cool finden, was ihre Eltern machen oder früher einmal getan haben. Da waren meine beiden Jungs keine Ausnahmen. Selbst wenn ich in den Neunzigern mit Guns'n'Roses Hotelzimmer verwüstet hätte oder mit Snoop Dogg auf der Motorhaube seiner Lowrider Gangsterkarre gerappt hätte, würde es sie nicht im Geringsten jucken. Und mein Mann kannte mich nach dreizehn Ehejahren gut genug, als dass sich sein Bild von mir wegen früherer Erfolge noch ändern würde.

Ich begriff allmählich, dass mich diese verstaubten Zeitzeugen an längst vergangene Tage fesselten und es jetzt Zeit war, die Vergangenheit gehen zu lassen. Ich begab mich in mein Büro, öffnete die Schublade und nahm zögerlich den ersten Gegenstand in die Hand. Es war ein Puck mit dem Logo der U-18-Eishockey-Weltmeisterschaft, die in der Schweiz stattgefunden hatte. Ich durfte damals zusammen mit dem Stadtpräsidenten dem russischen Eishockey-Team die Silbermedaillen überreichen. Unwillkürlich musste ich grinsen. Nur zu gut konnte ich mich erinnern, wie ich ehrfürchtig vor den stämmigen Zwei-Meter-Russen stand und die glänzende Platte mit den Medaillen darauf in meinen Händen hielt. Da dieses Erlebnis offensichtlich noch sehr gut in meinem Gedächtnis präsent war und ich außerdem noch ein Foto davon besaß, legte ich den Eishockeypuck in die ‹Toni-Kiste›, ebenfalls alle anderen Eishockey-Pucks von diversen NHL-Hockeyteams, Eishockey-Sticker und Autowimpel. Eine Laptoptasche, einen Kugelschreiber und einen Notizblock der Wirtschaftsprüfungsgesellschaft sowie eine

Agenda und einen Rucksack der Bank ließ ich ebenfalls ziehen. Mit jedem weiteren Ex-Arbeitgeber-Statussymbol, das ging, fühlte ich mich stolzer und befreiter. Stolz, dass ich mich endlich diesen unbequemen Entscheidungen gestellt hatte, und befreit, weil ich die Dinge loslassen konnte. Am Ende blieb noch eine Uhr mit meinem eingravierten Namen, welche ich von der Bank zu meiner bestandenen Lehrabschlussprüfung bekommen hatte. Einen goldenen Schuhlöffel, der ebenfalls eine Auszeichnung war, behielt ich auch. Allerdings durfte er nur aus praktischen Gründen bleiben, nicht aus sentimentalen.

Ich war wie beflügelt von meinem Erfolgserlebnis. Endlich hatte ich diesen gigantischen Koloss, bestehend aus einem Sammelsurium längst vergangener Epochen, aus meinem Leben entfernt! Von diesem Gefühl wollte ich mehr. Deshalb nahm ich mir gleich die nächste schwierige Aufgabe vor: Briefe und Karten.

Im Keller stand eine riesige Plastikkiste, in der ich jede Glückwunschkarte, Geburtenanzeige, Hochzeitskarte, Grußkarte und jeden Brief aufbewahrte. All die Jahre wollte ich mich nicht entscheiden, was damit zu tun war. Und mit jeder neuen Karte, die darin verschwand, beschlich mich ein ungutes Gefühl. Auch wenn sie jahrelang in diversen Kellern ihr trübes Schicksal fristete, störte mich diese Kiste enorm. Aber beim bloßen Gedanken daran, die Karten und Briefe in den Müll zu schmeißen, überkam mich ein schlechtes Gewissen. Böses Karma, dachte ich. Deshalb wollte ich mich nie damit auseinandersetzen.

Jetzt aber fühlte ich mich von meinem Erfolgserlebnis ermutigt, und mein Karma konnte ohnehin nicht mehr schlimmer werden, dachte ich. Nun war der richtige Zeitpunkt gekommen, diese Herausforderung endlich anzupacken. Also holte ich das Ungetüm aus dem Keller hoch.

Einen ganzen Sonntag saß ich in meinem Büro auf dem Fußboden und las jeden einzelnen Brief und jede einzelne Karte. Es war lustig, traurig, amüsant und bedrückend. Während des Lesens befand ich mich in einer total anderen Welt. In einer, die längst vergangen war. Als ich den letzten Brief wieder in seinen Umschlag steckte, fühlte ich mich wie erschlagen. Aber immerhin wusste ich jetzt, dass fast alles in dieser Kiste gehen durfte. Bis auf vier Briefe, die mich berührten und die ich deshalb noch ein wenig in meinem Leben haben wollte.

Den Rest wollte ich nicht mehr behalten. Ich gab mir die Erlaubnis, kein schlechtes Gewissen den Personen gegenüber haben zu müssen, die mir die Briefe und Karten geschrieben hatten. Denn die Erinnerungen und die Dankbarkeit sind nicht zwingend an materielle Gegenstände gebunden und sind in meinem Herzen weit besser aufgehoben als in einem modrigen Keller.

Sentimentales: Statussymbole, Erbstücke, Geschenke, Briefe, Andenken

Falls du jetzt ebenfalls Lust bekommen hast, dich von deinem sentimentalen Gerümpel zu trennen, findest du hier eine Anleitung, wie du damit beginnen kannst. Grundsätzlich kannst du immer nach demselben Muster vorgehen, unabhängig davon, ob du Andenken, Erbstücke, Statussymbole oder persönliche Briefe aussortierst.

1. Schritt: Anfangen

Wenn du gerne beginnen würdest, aber einfach nicht weißt, wo du anfangen sollst, weil du den Kram vor lauter Besitz nicht siehst, mach einfach den ersten klaren Schritt. Ich habe mir bewusst nie das Ganze vorgestellt, sondern mit der kleinstmöglichen Handlung angefangen, beispielsweise mit dem Ausräumen der Schublade, in der ich diverse Erinnerungsstücke aufbewahrte. Fang einfach an, es ist ganz einfach.

2. Schritt: Vorbereitet sein

Zum Glück hatte ich immer meine ‹Toni-Kiste› griffbereit. Am besten, du nimmst auch einen Korb oder eine Kartonschachtel zur Hand, in die du die aussortierten Gegenstände hineinlegen kannst.

3. Schritt: Die Extrameile gehen

Um erfolgreich beim Ausmisten zu sein, ist es wichtig, immer alle Gegenstände der jeweiligen Kategorie, wo du aussortieren möchtest, aus der Schublade, Kommode oder dem Schrank auszuräumen. Nur so bekommst du eine Übersicht, was du alles besitzt.

4. Schritt: Ehrlich sein

Es ist hilfreich, jeden Gegenstand einzeln in die Hand zu nehmen und sich zu fragen, ob er glücklich macht oder wirklich gebraucht wird. Wenn die Antwort positiv ausfällt, behalte ihn gerne. Falls du jedoch ein unangenehmes Gefühl hast oder den Gegenstand nie benutzt, ist es Zeit, ihn loszulassen.

5. Schritt: Aus dem Haus schaffen

Sobald du mit Aussortieren fertig bist, ist es wichtig, die ausgemusterten Sachen so schnell wie möglich aus dem Haus zu bringen. Du kannst sie auf verschiedene Arten loswerden, zum Beispiel durch Recycling, Spenden, Verschenken oder Verkaufen. Beim Verkaufen ist es jedoch wichtig, nicht verbissen an einem bestimmten Preis festzuhalten. Damit verschwendest du nur unnötig Zeit. Oft haben wir unrealistische Vorstellungen von dem Wert unserer Gegenstände, den der Markt nicht bereit ist zu zahlen. Auch wenn du nur einen geringen Betrag für deine aussortierten Dinge erhältst, ist es besser, als sie ungenutzt herumliegen zu lassen. Im besten Fall findet jemand anders Freude daran.

EXTRA-TIPP: Ich habe den Erlös meiner verkauften Sachen in einen ETF investiert. Im Vergleich zu einem Bankkonto, auf dem mein Geld der Inflation ausgesetzt ist und keine Zinsen erzielt, zeigen ETFs historisch gesehen über einen längeren Zeitraum eine bessere Performance. Oder vielleicht verbindet dich eine besondere Liebe zu einem speziellen Unternehmen? Dann könntest du dir mit dem Verkaufserlös Aktien gönnen. Ich zum Beispiel könnte nicht damit leben, keine Starbucks-Aktien zu besitzen.

Hier findest du eine kleine Inspiration, was du in der Kategorie ‹Sentimentales› aussortieren könntest:

☐ Erbstücke, die keinen emotionalen Wert haben oder dich sogar traurig machen

☐ Geschenke, die du nicht magst, nicht brauchst oder die dir keine Freude bereiten

☐ Statussymbole wie Pokale, Medaillen, Statuen, Geschenke früherer Arbeitgeber

☐ Souvenirs und Andenken wie zum Beispiel Muscheln oder Sand aus dem Urlaub

☐ Schlüsselanhänger, Sticker, Wimpel, Zeichnungen etc.

☐ Briefe, Postkarten und Glückwunschkarten

EXTRA-TIPP: Es kann hilfreich sein, eine schöne Erinnerungskiste anzulegen, in der sentimentale oder kuriose Gegenstände ihren Platz finden. Anstatt tausend Dinge irgendwo im Keller zu stapeln, können bewusst ausgewählte

Lieblingsstücke viel Freude bereiten. Wenn die Kiste voll ist, ist es an der Zeit, etwas loszulassen oder nichts mehr hinzuzufügen. So stellst du sicher, dass du nur die Dinge aufbewahrst, die dir wirklich am Herzen liegen. Zugleich vermeidest du, dass sich wieder zu viel Unbedeutendes ansammelt.

Mehrere Jobs. Keine Ferien. Keine Zeit für die Familie. Null Franken Gewinn.

Es war wieder ein halbes Jahr vergangen und die ersten Bäume warfen bereits ihre bunten Blätter ab. Die Natur mochte sich gewandelt haben, mein Status quo war derselbe geblieben. Ich hatte weiterhin zu viele Verpflichtungen und konnte mich nur um die dringendsten kümmern. Zudem kam der Verkauf unseres Hauses hinzu. Das war zwar nicht geplant, aber nachdem unsere Mieter überraschend den Mietvertrag gekündigt hatten, entschlossen wir uns ziemlich schnell dazu.

Natürlich waren auch wir anfangs ein wenig emotional. Vor dreizehn Jahren, als wir noch keine dreißig gewesen waren, hatten wir den Kauf unseres Eigenheims als großes Glück empfunden. Doch inzwischen hatte sich vieles verändert.

Selbstverständlich ließ das Unverständnis unseres Umfeldes nicht lange auf sich warten: »Man verkauft doch nicht einfach sein Haus! Es gibt schließlich keine bessere Investition als die eigenen vier Wände. Und was ist mit euren Kindern, wenn sie einmal in diesem Haus leben wollen?« Ich könnte hier noch unzählige solcher Einwände auflisten, die wir uns anhören mussten. Wir verzichteten – außer bei unseren engsten Familienangehörigen – auf lange Erklärungen.

Ein Eigenheim, in welchem man selbst wohnt, ist nun einmal kein Investment. Besonders nicht, wenn man sich dafür bis auf die letzte Unterhose verschulden musste. So gesehen wohnten wir in unserem Vermögen, das in Wirklichkeit eine Verbindlichkeit war und absolut nicht für uns, sondern gegen uns arbeitete. Eine Verbindlichkeit, welche ständig gehegt und gepflegt werden wollte, eine Verbindlichkeit, in die wir noch mehr Vermögen in Form von Umbauten, Gartengestaltung, neuen Geräten und so weiter hineinsteckten. Außerdem war uns schon lange klar, dass wir so viel Platz weder wollten noch brauchten. Wir hatten nicht vor, bis ans Ende unserer Tage im selben Haus und am selben Ort zu leben. Weil wir nämlich frei und flexibel sein wollten. Und nein, wir hatten kein schlechtes Gewissen, weil wir – ganz unschweizerisch – unseren Kindern in vierzig Jahren kein Haus würden vererben können, in dem sie selbst wahrscheinlich auch nie würden wohnen wollen.

Trotzdem verbanden wir viele schöne Erinnerungen mit diesem Haus. Vor dem Einzug hatten wir, zusammen mit meinen Eltern, wochenlang darin herumgewerkelt. Unsere beiden Jungs waren in diesen vier Wänden aufgewachsen, hatten darin ihre ersten Schritte gemacht, ihre ersten Worte gesprochen und auch so manchen Blödsinn angestellt. Doch am Ende war es eben nur ein Haus. Steine, Wände, Ziegel. Wir fühlten uns überall zu Hause, wo wir vier zusammen sein konnten.

Den geplanten Verkauf besprachen wir auch mit unseren Jungs. Sie sahen es pragmatisch. Und da sich keiner von uns vieren vorstellen konnte, jemals wieder dort einzuziehen, stand unsere Entscheidung fest. Drei Monate später war das Haus an eine bezaubernde Familie verkauft und wir fühlten uns leicht und frei. Wieder eine Verpflichtung weniger, über die wir uns Gedanken und Sorgen machen mussten. Außerdem gab uns der Verkaufserlös die Möglichkeit, das Geld endlich für uns arbeiten zu lassen. So konnten wir den Grundstein für ein späteres passives Einkommen legen.

Derweilen recherchierte ich immer noch über die Themen ‹Zeitmanagement› und ‹Produktivitätssteigerung›. Ich versuchte, Routinen einzuführen, probierte die Eisenhower-Matrix aus, das Pareto-Prinzip, Time Blocking, Fokuszeiten und noch etliche andere Methoden. Leider ergaben die wenigsten Techniken für mich einen Sinn und führten folglich nicht zu einer Verbesserung meiner Effizienz. Und irgendwie fühlte ich mich mit diesem Selbstoptimierungswahn auch überhaupt nicht wohl. Alles zielte auf ‹schneller, besser und mehr›. Mein Ziel lag aber in der anderen Richtung: ‹langsamer, achtsamer, weniger›. Es schien hoffnungslos zu sein.

Vier schlaflose Nächte später, in denen mein alter Freund – die Angstparanoia – genüsslich damit beschäftigt war, sich 111 Horrorszenarien vorzustellen, was meiner Familie alles schlimmes passieren könnte, lag ich träge auf dem Sofa. Ich prokrastinierte in vollendeter Perfektion, weil ich mich vor lauter To-dos nicht entscheiden konnte, womit ich anfangen sollte, und deshalb gar nichts machte. Ich lag auf meinem persönlichen ‹place to be› und scrollte durch Instagram. Auf einem meiner Wohlfühlkonten las ich einen Satz, der mich sofort in seinen Bann zog. Ich wusste intuitiv, dass es ein Life-Changer sein würde!

»My goal is no longer to get more done,

but rather to have less to do.«

– Francine Jay –

»Mein Ziel ist es nicht länger, mehr erledigt zu bekommen, sondern weniger zu tun zu haben.« Dieser Kerngedanke ist so simpel wie genial! Er eröffnete mir eine neue Perspektive, aus der ich das Ganze noch nie betrachtet hatte. Aber es machte Sinn! Bisher hatte ich verzweifelt versucht, meine zahlreichen To-dos zu sortieren, zu priorisieren, zu managen, abzuarbeiten. Und egal, welche Selbstoptimierungstechnik ich anwendete, am Ende des Tages war meine To-do-Liste trotzdem noch endlos lang. Es kam mir nie in den Sinn, dafür zu sorgen, dass ich gar nicht erst so viel zu tun haben sollte.

Umgehend begann ich zu überlegen, welche Aufgaben ich loswerden könnte. Es dauerte nicht lange, bis mir klar war, was am besten sofort verschwinden sollte: die Tesla-Vermietung. Dieses Geschäft war extrem zeitintensiv, weil es viel persönlichen Einsatz erforderte, sowohl von Seiten meines Mannes als auch von mir. Allein das Reinigen der Teslas war sehr aufwändig. Dazu kamen unzählige Abrechnungen, Anfragen, Emails und die Bewirtschaftung der Social Media Accounts. Klar, die Einnahmen waren gut – aber waren sie auch so gut, dass sie unseren enormen Arbeitseinsatz rechtfertigten?

Als Nächstes dachte ich über meine Auftraggeber nach. Ich liebte meine Kunden und fühlte mich ihnen sehr verbunden. Aber liebte ich auch die Arbeit noch? Wenn ich ehrlich war, lautete die Antwort eindeutig: Nein. Die meiste Zeit konnte ich nicht so effizient arbeiten, wie ich es gerne wollte, weil mir Antworten und Informationen seitens meiner Kunden fehlten. Infolgedessen hatte ich eine ganze Pinnwand voll mit ‹Warten-auf›-Aufgaben. Dieser Umstand störte mich schon lange und belastete mich zusehends. Denn die To-dos schwirrten ständig durch meinen Kopf, aber ich konnte sie nicht beenden und von meiner Liste streichen. Hinzu kamen noch alle wiederkehrenden Aufgaben wie Spesenabrechnungen und Buchhaltung. Alles zusammen führte dazu, dass ich das Gefühl hatte, nie mit etwas fertig zu werden, geschweige denn, die verschiedenen Verpflichtungen managen zu können. Langsam wurde mir klar, dass dieser Umstand ein wesentlicher Faktor war, weshalb ich mich so überfordert und ausgebrannt fühlte.

Somit lag es für mich auf der Hand, dass ich meine Kunden aufgeben musste, wenn ich meine Situation langfristig verbessern wollte. Doch beim Gedanken daran brach es mir beinahe das Herz. Alle meine Kunden hielten mir seit Beginn meiner Geschäftsgründung die Treue. Sie waren meine Babys. Würde ich es wirklich übers Herz bringen, sie gehen zu lassen?

Das Amazon-Business war sehr kapitalintensiv und äußerst unberechenbar. Ich musste auf viele Faktoren reagieren, auf die ich keinen Einfluss hatte. Außerdem stellte es mich immer wieder vor neue Probleme, die mich zermürbten. Allerdings wusste ich auch: Wenn das Business erst einmal lief, würde es mir ein fast passives Einkommen ermöglichen. Ich war noch nicht bereit aufzugeben.

Abgesehen von den beruflichen Verpflichtungen war mir klar, dass ich auch auf der privaten Seite ausmisten musste. Ich wollte mich von allem trennen, was mich stresste, mir keine Freude bereitete oder zu umständlich war. Den ersten Schritt hatte ich bereits getan, indem ich mit dem Entrümpeln von emotionalem Müll und Statussymbolen begonnen hatte. Mein Ziel war, die gesamte Wohnung auszumisten, und zwar jeden einzelnen Raum. Da war also noch einiges zu tun.

Ausserdem beschloss ich, ab sofort keine Kindergeburtstagspartys mehr zu veranstalten. Ich hasste es! Die Einladungen, die Vorbereitungen und dann das Gewusel mit all den fremden Kindern im Haus... Aber am meisten hasste ich es, dass ich mich wegen diesen Kinderpartys nicht einmal mehr auf die Geburtstage meiner Kinder freuen konnte, weil ich schon Wochen vorher dieses Schreckgespenst vor Augen hatte. Deshalb weg damit! Von nun an befreiten wir die Kinder an den Geburtstagen von der Schule und verbrachten den Tag so, wie es sich das jeweilige Geburtstagskind wünschte. Zudem weigerte ich mich zukünftig, für schulische Veranstaltungen zu backen. Ich brachte Chips oder die Getränke. Basta! Weiters strich ich alle Veranstaltungen, auf die ich keinen Bock hatte, sowie Treffen mit Personen, die einen negativen Einfluss auf meinen Seelenfrieden hatten.

Mir wurde bewusst, dass ich auch gewisse alltägliche Abläufe vereinfachen musste. Zum Beispiel nahm ich mir vor, wieder einen wöchentlichen Menüplan einzuführen. So würde ich sinnloses Zeitvergeuden vermeiden und in der Küche organisierter zu Werke gehen. Außerdem musste ich eine Lösung für die herumschwirrenden Pfannendeckel finden. Und die Mutter aller Klassiker: Ich wollte nicht mehr stundenlang vor dem prall gefüllten Kleiderschrank stehen und trotzdem keine Ahnung haben, was ich anziehen sollte.

Damit war mein Plan klar, und ich stand eigentlich schon in Kampfstiefeln auf dem Schlachtfeld bereit. Vorher musste ich aber noch mit meinem Mann über die Tesla-Vermietung sprechen. Davor graute mir, denn dieses Business war in erster Linie sein Baby. Doch wenn wir wirklich etwas ändern wollten, kam ich um diese Diskussion nicht herum. Aber nicht ohne Kaffee. Und dann Augen zu und durch. Respektive Augen auf, denn wir sahen uns die Geschäftszahlen einmal genau an. Und wir erlebten unser blaues Wunder! Zwar waren die Einnahmen wie erwartet gut, aber da wir ständig in die IT-Struktur und das Inventar investierten, grinste uns unterm Strich eine riesengroße Null entgegen. Hämisch lachte sie uns an und zeigte uns deutlich, wohin wir unseren Gewinn stecken konnten.

Wir waren fassungslos! Wir arbeiteten beide wie die Wahnsinnigen. Zusammen hatten wir fünf Jobs. Verzichteten auf Ferien. Hatten kaum ein freies Wochenende. Zu wenig Zeit für die Familie. Und jetzt sollte sich die ganze Plackerei nicht einmal finanziell gelohnt haben?!

Entsetzt sah ich meinen Mann an und fragte: »Was zum Henker machen wir hier eigentlich?!« Er schüttelte nur konsterniert den Kopf. Und ich denke, in diesem Moment kam er das erste Mal wirklich auch ins Grübeln. Augenscheinlich hatten wir uns irgendwo fürchterlich verrannt.

Nach einer Weile hob er den Kopf, sah mich an und sagte überraschenderweise: »Die Tesla-Vermietung darf gehen.«

Im ersten Moment war ich sprachlos. Doch dann jubelte ich. Innerlich. Ich wusste ja, wie schwer diese Entscheidung für ihn sein musste. Trotzdem fiel mir ein Stein vom Herzen, und genau in diesem Moment fasste ich den Entschluss, meine Kunden auch gehen zu lassen. Ich hatte es eigentlich schon vor Monaten gewusst. Dieser Schritt war unausweichlich, wenn ich meinem Hamsterrad entkommen wollte und meinem Leben eine andere Richtung geben wollte. Neues kann erst kommen, wenn Altes geht, sagt der allgemeine Volksmund. Und ich denke, er hat recht.

Wir warteten nicht lange, um unsere Pläne in die Tat umzusetzen. Während mein Mann in den folgenden Wochen den Verkauf der Tesla-Vermietung organisierte und den Mietvertrag für die Räumlichkeiten der Tesla-Vermietung auflöste, kündigte ich meinen Kunden. Und das war mitunter etwas vom Schwierigsten, was ich bisher in meinem Leben tun musste. Dabei gab ich mir wirklich Mühe, es sachlich anzugehen und mir die Geschäftsmänner als gutes Beispiel zu nehmen. Ich sagte mir: »Das ist Business. Würde ein Mann so ein Theater machen? Nix da mit: meine Babys und weinerlichen Zögerlichkeiten!« Sollte also kein Problem sein, da ich ohnehin nicht dem typischen Frauenbild entsprach; weder in meinem Denken noch in meinem Handeln. Aber ausgerechnet in Businesssachen drückte die weibliche Spezies dann eben doch durch.

Entsprechend frauenhaft informierte ich meine Kunden: in ewig langen Gesprächen, was ein Mann in einem Satz gesagt hätte. Danach heulte ich in mein Kopfkissen und zweifelte an meiner Entscheidung. Aber dann, als der bittere Geschmack meines schlechten Gewissens langsam verblasste, stellte sich endlich Erleichterung ein. Ich war froh über meine Entscheidung und trieb die Dossier-Übergaben voran.

Gleichzeitig agierte ich weiterhin als Problemlöserin in der Amazon-Hölle. Und an Problemen mangelte es dort wirklich nicht. Weil mein bisheriger Produzent meine Produkte in unterirdischer Qualität herstellte, musste ich einen neuen suchen. Und als Folge der strikten Corona-Regeln in China brauchten die Hersteller doppelt so lange, um die Waren zu fertigen. Zusätzlich verteuerte die Stromknappheit in Asien die Produktion. Die Transportkosten gingen weiter durchs Dach und betrugen ein Vielfaches als noch vor einem Jahr. Diese zusätzlichen Ausgaben verschlangen meinen ganzen Gewinn.

Langsam dämmerte mir, wieso es von Seiten der Amazon-Youtuber immer hieß, Amazon sei ein reines Zahlenbusiness. Hätte ich mal lieber genauer kalkuliert! Oder besser gesagt: Hätte ich überhaupt eine Kalkulation gemacht, dann hätte ich flexibler auf die neue Ausgangslage reagieren können. Doch ich bin ehrlich: Zahlen interessierten mich einfach nicht. Ausgenommen die Zahlen in Form von Gutschriften auf meinem Konto. Aber die blieben so natürlich aus. Der Dollar rollte zwar, aber nicht in meine Taschen. Eigentlich schon fast peinlich, wenn man sich an meinen Berufstitel erinnert.

Es hatte beinahe den Anschein, als meldete sich nach all den Jahren, wo ich mit Zahlen aller Art hantieren musste, nun die kreative Rebellin in mir und forderte ihre Existenzberechtigung ein. Denn das Einzige, was mir am Amazon-Business richtig Spaß machte, war, hübsche Produkte zu entwickeln, um meinen Kunden einen Mehrwert zu bieten, und zwar in einer ästhetisch ansprechenden Form. Das gelang mir auch wirklich gut. Allerdings musste ich mir eingestehen, dass ich definitiv keine Businessfrau mehr war. Die Frau, die einst Meetings in edlen Hotels und Restaurants in der City geliebt hatte und keck ihre Chanel-Handtasche neben die Aston-Martin-Schlüssel der Kunden gestellt hatte, gab es nicht mehr. Keine Ahnung, wohin sie gegangen war. Wahrscheinlich rannte sie, so schnell sie konnte, weit, weit weg. Auf jeden Fall war sie ganz offensichtlich nicht mehr da.

Deshalb entschied ich mich kurzerhand dazu, meinen Kleiderschrank zu entrümpeln. Da es keine Chefin mehr gab, brauchte ich auch keine hunderttausend Business-Klamotten in meiner Garderobe.

Kleiderschrank

Das Aussortieren meiner Kleider bereitete mir definitiv am meisten Freude, denn ich hatte relativ schnell ein Erfolgserlebnis. Vermutlich hat so ziemlich jeder einige Kleidungsstücke im Schrank, von denen er sich leicht trennen kann.

Im ersten Schritt räumte ich alles aus. Das war wichtig, weil ich nur so sehen konnte, wie viel ich wirklich besaß. Danach nahm ich jedes einzelne Kleidungsstück in die Hand und stellte mir folgende Fragen:

1. Ziehe ich es an?
2. Trage ich es gerne?
3. Passt die Größe?
4. Passt es zu meinem aktuellen Lebensstil?
5. Würde ich es nochmals kaufen?

Wenn ich nur eine dieser Fragen mit Nein beantwortete, durfte das gute Stück gehen. Leider war die Antwort manchmal eben nicht so einfach. Deshalb hatte ich bald einen beachtlichen ‹Weiß-ich-nicht›-Stapel angehäuft. Das war der kniffligste von allen. Auf diesem Haufen landeten nämlich alle Kleidungsstücke, die ich noch kein einziges Mal getragen hatte, weil es entweder nie den passenden Anlass dafür gegeben hatte oder weil ich sie nicht gerne trug. Wenn sie dazu noch teuer gewesen waren, fiel es mir erst recht schwer, sie wegzugeben. Ich musste mir jedoch eingestehen, dass das Geld dafür längst ausgegeben war.

Markenklamotten versuchte ich zu verkaufen. Allerdings musste ich mich schnell von zu hohen Gewinnerwartungen verabschieden. Selbst meinen Chanel-Mantel konnte der Edel-Second-Hand-Shop nach einem Jahr noch nicht verkaufen. Und meine Gucci-Handtasche, für die ich einst in Monaco 3.400 Euro bezahlt hatte, fand schließlich für 300 Franken eine neue Besitzerin. Es war traurig, aber jammern nützte auch nichts. Deshalb sagte ich mir: Take the money and run! Andernfalls hätte ich die Teile in einem Jahr noch immer im Schrank gehortet, wo sie mir Tag für Tag auf subtile Weise ein schlechtes Gewissen eingehaucht hätten.

Weitere schwierige Kandidaten waren Kleider im Sinne von ‹Könnte ich noch zum Sport oder Gärtnern anziehen›. Eine solche Unterkategorie hatte ich selbstverständlich auch, und sie hieß: ‹Wenn ich wieder einmal reiten gehe›. Diese Abteilung gab es bereits seit dreißig Jahren. Und rate mal, wie oft ich in den letzten dreißig Jahren auf einem Pferd saß. Dreimal! Und einmal davon trug ich mein Hochzeitskleid. Also weg damit. Selbst wenn ich vorhätte, in den nächsten dreißig Jahren wieder auf ein Pferd zu steigen, würde ich sicher etwas Passendes zum Anziehen finden.

Eine kleine Motivation für die schwierigen Fälle:

Teure Kleider / Markenklamotten

Versuche sie zu verkaufen. Halte dich aber nicht zu lange damit auf. Die Kohle ist schon futsch.

Kleidung zu groß / zu klein

Was früher funktionierte oder später funktionieren wird, ist in der Gegenwart nicht nützlich. Wichtig ist, dass deine Kleidung JETZT zu dir passt und dich heute bestmöglich unterstützt.

Teile zum Gärtnern, Töpfern etc.

Einfach nein. (Es sei denn, du gärtnerst und töpferst regelmäßig).

Kaputte Kleider

Kann man reparieren oder reparieren lassen. Das sollte allerdings in den nächsten fünf Tagen geschehen, sonst sind sie in einem Jahr noch immer defekt.

Hochzeitskleid

Ich habe mein Hochzeitskleid in die Kleidersammlung gegeben. Die Erinnerung an meinen Hochzeitstag habe ich im Kopf, nicht im Kleid. Natürlich kannst du dein Kleid auch verkaufen, verschenken oder spenden. Meines war durch seinen Einsatz auf dem Pferd aber zu schmutzig und zerrissen, um es noch ohne schlechtes Gewissen zu verkaufen.

Einige Tipps, wie du deinen Kleiderschrank ästhetisch und praktisch einräumen kannst:

1. Kleidung sortieren: Im ersten Schritt solltest du alle Kleidungsstücke sortieren. Du kannst sie in Kategorien wie Pullover, Blusen, Hosen, Kleider, Jacken usw. einteilen und dann nach Farben ordnen.

2. Passende Kleiderbügel und weitere kleine Helfer nutzen: Wenn du einheitliche Kleiderbügel verwendest, erzielst du einen wunderbaren harmonischen Gesamteindruck im Schrank. Für Hosen gibt es extra Hosenbügel, die platzsparend sind. Duschvorhangringe eignen sich vorzüglich, um Schals und weiteres Zubehör ordentlich aufzuhängen.

3. Schubladen-Organizer verwenden: Sie helfen dir, deine Kleidung ordentlich und übersichtlich zu halten. Du kannst deine Socken, Unterwäsche, Accessoires usw. in verschiedenen Fächern aufbewahren.

4. Durchsichtige Schuhboxen nutzen: Schuhe können wunderbar in stapelbaren Boxen im Schrank aufbewahrt werden. Du behältst den Überblick und deine Schuhe sind sauber versorgt.

5. Sichtbarkeit schaffen: Wenn du deine Kleidungsstücke sehen kannst und sie ordentlich aufbewahrt sind, wirst du sie eher tragen. Wenn du Dinge versteckst, ist es wahrscheinlicher, dass du sie vergisst.

6. In Beleuchtung investieren: Gutes Licht kann dazu beitragen, dass dein Kleiderschrank ästhetisch ansprechend aussieht und dass du deine Garderobe besser siehst. Zum Beispiel könntest du LED-Streifen installieren.

Mach dir keinen Stress, wenn du dich nicht sofort von allen überzähligen Kleidungsstücken trennen kannst. Es ist okay, wenn es etwas länger dauert. Ich selbst habe meinen Schrank schon mehrmals ausgemistet und mit jedem Mal fiel es mir leichter, auch die schwierigeren Kandidaten zu verabschieden.

Nach meiner letzten Aussortieraktion erstellte ich mir eine Capsule Wardrobe. Das wollte ich schon lange machen, aber mir stand eine eigenwillige Charaktereigenschaft im Weg: Ich trug meine Lieblingskleider so gut wie nie. Ähnlich verhielt es sich mit anderen Gegenständen, die mir gut gefielen: Ich bewahrte sie sorgsam auf, ohne sie jemals zu benutzen. Ob Kerzen, Stifte oder auch Notizbücher, es reute mich, sie zu verbrauchen. In meiner Memorykiste fand ich tatsächlich Sticker aus den Achtzigerjahren, die ich in der ersten Klasse gesammelt hatte. Sie waren damals mein Heiligtum. Aber statt sie zu genießen oder irgendwo hinzukleben, wo ich sie täglich hätte sehen und mich daran hätte freuen können, fristeten sie ihr Dasein in einer Kiste. Und jetzt, fast vierzig Jahre später, besitzen sie weder einen Nutzen noch einen emotionalen Wert für mich. Das brachte mich echt ins Grübeln. Eigentlich war das Leben doch zu kurz, um die schönen Dinge nicht zu benutzen und zu geniessen. Daher beschloss ich, ab sofort meine Lieblingskleider anzuziehen, die schönen Kerzen anzuzünden und die hübschen Notizbücher vollzuschreiben. Diese Entscheidung half mir dabei, mich auch endlich von den Kleidern der Kategorie ‹Könnte ich zum Reiten, Gärtnern, Kochen anziehen› zu verabschieden, und ebnete mir den Weg zu meiner Capsule Wardrobe.

Diese erwies sich als weiterer Meilenstein zu einem einfacheren Leben. Ab jetzt wusste ich, dass alles, was ich aus meinem Kleiderschrank auswähle, größenmäßig passt, toll aussieht und angenehm zu tragen ist, weil ich meine Garderobe genauso arrangiert habe.

Capsule Wardrobe

Was ist eine Capsule Wardrobe?

Es handelt sich um eine minimalistische Garderobe, die nur aus deinen Lieblingsstücken, Basics und den notwendigen Teilen besteht.

Was ist das Ziel einer Capsule Wardrobe?

Alle Kleidungsstücke im Schrank sollen miteinander kombinierbar sein. So kannst du mit wenigen Teilen und Accessoires trotzdem viele verschiedene Outfits kreieren.

Wie funktioniert die Capsule Wardrobe?

Wichtig ist, dass du zunächst ein Farbkonzept bestimmst. Somit stellst du sicher, dass alle Teile miteinander kombinierbar sind. Das Problem bei einem herkömmlichen Kleiderschrank ist ja, dass man alles wie Kraut und Rüben drinnen hängen hat. Dann stehst du vor dem Schrank und überlegst eine halbe Ewigkeit, was du anziehen sollst, weil du ständig schauen musst, welche Teile du kombinieren kannst. Bei einer Capsule Wardrobe dagegen passt jedes Kleidungsstück zu allen anderen, außerdem besteht sie nur aus deinen Lieblingsteilen. Somit kannst du einfach hineingreifen und dir das herausholen, wonach du dich gerade fühlst.

Erstens verschwendest du keine Zeit mit Überlegen, was du anziehen solltest. Zweitens brauchst du deutlich weniger Kleider und pflegst einen bewussteren Umgang mit diesen. Drittens ist dein Schrank viel ordentlicher und übersichtlicher. Viertens beugst du Impulskäufen vor, weil du einem genauen Schema folgst. Du weißt, was du schon hast und in welche Farbpalette ein neues Kleidungsstück passen sollte. Falls dir noch ein bestimmtes Teil fehlt, suchst du gezielt danach.

Alle meine Kleidungsstücke (inklusive meiner Jacken, Mützen, Handschuhe, Schals und Schuhe) sind in Beige, Rosé, Weiß, Grau und Schwarz gehalten. Alle Farben lassen sich miteinander kombinieren. Außerdem bestehen alle Teile aus einem Material, das ich gerne trage. Sie passen perfekt in der Größe und unterstützen meinen aktuellen Lebensstil.

Schuhe

Das Sortieren von Schuhen kann eine Herausforderung sein. Frauen besitzen oft viele Paare, die zu verschiedenen Outfits passen. Dies fiel mir besonders beim Packen für den Urlaub auf, da ich einen ganzen Koffer für meine Schuhe brauchte.

Ich wollte meine riesige Sammlung reduzieren. Also überlegte ich mir, von welchen Schuhen ich mich am einfachsten trennen konnte. Als Erstes sortierte ich alle Paare aus, in denen ich nicht elegant laufen konnte, gefolgt von denen, die ich in den letzten zwei Jahren nicht getragen hatte. Auch Schuhe, die zu klein oder zu groß waren, mussten gehen.

Zwei von drei Paaren Flipflops gab ich ebenfalls weg. Am Ende hatte ich immer noch mehr Schuhe, als mir lieb war. Ich ließ es jedoch für den Moment gut sein und plante, in ein paar Monaten nochmals eine Bestandsaufnahme zu machen.

Welche Schuhe aussortieren? Eine kleine Auswahl:

□ Pumps und High Heels

□ Stiefel und Stiefeletten

□ Ballerinas

□ Sandalen

□ Flipflops

□ Winterschuhe

□ Hausschuhe

□ Sportschuhe

EXTRA-TIPP: Da alle Schuhe nach dem Sortieren ordentlich aufgereiht sind, wäre jetzt ein idealer Zeitpunkt, um sie wieder einmal zu hätscheln (reinigen, polieren und imprägnieren).

Accessoires

Im Anschluss nahm ich mir meine Taschen, Gürtel, Tücher und andere Accessoires vor. In diesem Bereich hatte sich auch viel Überflüssiges angesammelt. Ich hatte definitiv keine Verwendung für sechs Sonnenbrillen und fünfzehn Gürtel. Schlussendlich behielt ich zwei Sonnenbrillen, einen Gürtel und ein Foulard.

Accessoires aussortieren – eine kleine Anregung:

- ☐ Gürtel
- ☐ Foulards und Tücher
- ☐ Sonnenbrillen
- ☐ Hüte, Baseballcaps
- ☐ Handtaschen
- ☐ Reisetaschen, Sporttaschen, Rucksäcke, Gürteltaschen
- ☐ Portemonnaies

Schmuck

Obwohl ich eine große Sammlung an Ketten, Ringen und Armreifen besaß, trug ich diese meist nur zu Kundenterminen – und immer dieselben Stücke. Um mein Leben wieder ein wenig einfacher zu machen, überprüfte ich jedes Schmuckstück einzeln und fragte mich, ob es mir noch gefällt. So konnte ich mir zukünftige Entscheidungen ersparen.

Am Ende behielt ich nur wenige ausgewählte Stücke: eine Halskette, zwei Uhren, zwei Ringe und ein Armband. Alles andere durfte mit Toni mitgehen, unabhängig davon, ob echter oder Modeschmuck. Ich hatte einfach keine Zeit, die Sachen zu verkaufen, und es machte mich glücklich, dass ich Toni und sein kleines Geschäft dadurch unterstützen konnte.

Folgende Schmuckstücke könntest du durchsehen:

☐ Ohrringe

☐ Halsketten

☐ Armketten

☐ Uhren

☐ Ringe

☐ Piercings

☐ Broschen

☐ Anhänger

Alle Kleider, Schuhe und Accessoires, die bleiben durften, räumte ich übersichtlich zurück in den Schrank. Von nun an würde ich ruck-zuck angezogen sein! Am liebsten hätte ich alle zehn Minuten hineingeschaut, weil mich der Anblick meines halbleeren Kleiderschranks dermaßen entzückte. (Schreibt die Frau, die einmal ein Ankleidezimmer besass, dass so gross war, wie eine Kunstgalerie). Mein Mann kam neugierig dazu und sah ebenfalls hinein, weil er sich fragte, was seine Frau denn so glücklich machte. Doch als er das

Ergebnis meiner Aussortieraktion sah, kam nur ein verblüfftes »Wo sind alle deine Kleider, Schatz?« aus seinem Mund. Naja, die waren in den sechzehn Säcken, welche nicht einmal alle im Altkleidercontainer Platz fanden. Abgesehen davon, hätte seiner Schrankhälfte ein Downsizing auch nicht geschadet. Keine Ahnung, wie viele Hemden ein Mann in seinem Leben braucht, aber bestimmt dürften 52 zu viel sein. Leider war der Entrümpelungs-Virus noch nicht auf meinen Mann übergesprungen.

Ich hingegen kam gerade erst richtig in Fahrt. Mit der Kaffeetasse in der Hand und jeder Menge Enthusiasmus, streifte ich durch unser Wohnzimmer. Wie eine Tigerin auf der Jagd hielt ich Ausschau nach Dingen, die ich als Nächstes aussortieren könnte.

Das Wohnzimmer

Ich schaute mich in aller Ruhe im Raum um. Was mich störte oder mir keine Freude brachte, musste verschwinden. Gegenstände, die nicht in unser Wohnzimmer gehörten, platzierte ich an einem geeigneten Standort. Ich mistete alle Schränke und Schubladen aus, entfernte unnötige Dekoration. Danach befanden sich keine Gegenstände mehr im Wohnzimmer, die nicht einen gewissen Zweck erfüllten. Jahreszeiten-Deko stellte ich nur noch im Herbst und zur Weihnachtszeit auf. Im Frühling sind Tulpensträuße, die ich mir gezielt und bewusst gönne, der einzige Raumschmuck. Ein Bilderrahmen mit einem Foto unserer Jungs und einige Fotobücher zieren ganzjährig unseren Landhausschrank.

Einige Ideen, was du im Wohnzimmer aussortieren kannst:

☐ Unbenutzte Tischtücher

☐ Möbel

☐ Lampen

☐ Spiegel

☐ Uhren

☐ Deko-Kissen, Überwurfdecken, Plüschtiere, Puppen

☐ Teppiche

☐ Pflanzen

☐ Kunstgegenstände, welche dich nicht (mehr) ansprechen

☐ Bastel- und Hobbymaterial

☐ Abgebrannte Kerzen

☐ Werbegeschenke (Kugelschreiber, Sackmesser etc.)

☐ Überflüssige Dekorationsgegenstände

DVDs und CDs

Da wir Filme ausschließlich über die allgemein bekannten Dienste herunterluden oder streamten, war schnell klar, dass wir uns von den drei Umzugskartons voll mit DVDs und VHS-Kassetten trennen wollten. Wir hatten sowieso kein funktionierendes Abspielgerät mehr. CDs waren auch überflüssig, da wir Musik über Spotify und Sonos hörten.

Folgende Relikte aus dem vergangenen Jahrhundert könnten weggegeben werden:

☐ DVDs

☐ CDs

☐ VHS-Kassetten

☐ Kassetten

☐ Schallplatten

EXTRA-TIPP: Du könntest deine Musik auf Spotify oder Sonos organisieren. Die Auswahl ist grenzenlos und braucht überhaupt keinen Platz. Ich erstellte Playlisten für alle Jahreszeiten und Stimmungen, ob gemütliche Herbst-Jazzmusik, fröhliche Weihnachtslieder, Mood-Booster fürs Januartief oder sommerliche Countrymusik.

TV

Den TV entrümpeln? Ja, genau! Ich habe es getan, indem ich mir eine personalisierte Liste erstellte, die nur meine bevorzugten Sender enthielt. Die am häufigsten gesehenen Programme setzte ich an den Anfang, ähnliche Sender fasste ich zusammen. Mein Mann machte dasselbe anhand seiner Männer-Präferenzen. Anschließend sah ich alle unsere Aufnahmen durch, sortierte aus und archivierte die Sendungen, die ich behalten wollte. Obwohl es ein wenig Aufwand erforderte, lohnte sich das Ergebnis. Kein endloses Zappen mehr durch achthundertzweiunddreißig TV-Sender!

Schritt für Schritt zu einem entrümpelten TV:

1. Sender löschen, die nie geschaut werden
2. Senderliste anhand persönlicher Präferenzen erstellen
3. Aufnahmen anschauen, löschen, archivieren
4. Serienaufnahmen checken und ggf. aufheben
5. Archiv durchsehen und bereinigen

Zeitschriften / Rezepte

Dies war ein schwieriges Thema! Über Jahre hinweg sammelte ich alte Zeitschriften und bewahrte sie unter unserem Couchtisch auf. Ich behielt sie jedoch nur wegen einzelner Artikel, die mich interessierten. Manchmal nutzte ich sie als Inspirationsquelle für die Gartengestaltung, oder ich hob sie nur wegen eines spannenden Beitrags auf. Die Herbst- und

Weihnachtsausgaben behielt ich sowieso alle, weil ich die Covers liebte – und weil sie so herrlich dufteten! Mein Mann und meine Kinder konnten sich ein Lachen nicht verkneifen, wenn ich zuweilen an den Zeitschriften schnüffelte und zufrieden seufzte.

Trotzdem entschied ich mich dazu, die Zeitschriften loszulassen und auch keine neuen mehr zu kaufen. Ich fand sie nämlich ziemlich teuer, und auf Instagram oder Pinterest konnte ich dieselben Inhalte finden. Ich hätte die ausgerissenen Seiten und Artikelschnipsel auch ‹oldschool› in einem Ordner ablegen können, genauso wäre eine digitale Lösung wie zum Beispiel ‹Evernote› oder die Notiz-App auf dem Handy infrage gekommen. Doch ich hatte mich entschieden: Noch ein letztes Mal dran schnüffeln – und Adieu.

Eine andere Geschichte war meine Rezeptsammlung. Zwar hatte ich alle Rezepte bereits nach Kategorien in einem Ordner abgelegt, aber ich schaute nie hinein, da er weder praktisch noch ansprechend gestaltet war. Also entschied ich mich, alle Rezepte durchzusehen und nur diejenigen in meiner Rezept-App zu speichern, bei denen eine realistische Chance bestand, dass ich sie eines Tages kochen oder backen wollte. Ich tat dasselbe auch mit meinen Kochbüchern.

Falls du nicht gerne digital speicherst, könntest du dir alternativ ein hübsches Rezeptbuch oder Karteikarten erstellen. Ich bevorzuge die Rezept-App ‹Recipe Keeper/OrganizEat› und muss sagen, dass ich besonders die Menüplan-Funktion schätze. Dank der gespeicherten Mittag- und Abendessen habe ich inzwischen eine herrliche Auswahl an Menü-Ideen. AnyList ist eine weitere gute und kostenlose

App, um Rezepte zu verwalten und Einkaufslisten zu erstellen.

Folgende Druckerzeugnisse könntest du durchblättern, digitalisieren und gegebenenfalls entsorgen:

☐ Zeitschriften

☐ Rezeptsammlung

☐ Zeitungen

☐ Kochbücher

☐ Broschüren und Flyer

Bücher

Eine meiner absoluten Lieblingsbeschäftigungen war, mit meinem Erstgeborenen in Buchhandlungen zu gehen. Wir schlenderten durch den Laden, genossen die gemütliche Atmosphäre und stöberten in den Büchern und Auslagen. Oft verließen wir das Geschäft mit einem oder mehreren neuen Büchern. Aber leider verloren sie ihren Reiz, sobald sie in unserem Zuhause ankamen. Sie lagen dann wochenlang im Wohnzimmer oder im Schlafzimmer herum und landeten schlussendlich ungelesen im Bücherregal im Büro.

Doch das sollte sich nun ändern! Ich nahm alle Bücher aus meinem Regal und fragte mich bei jedem einzelnen:

- Will ich es als Nächstes lesen?
- Würde ich es noch einmal lesen?
- Ist der Inhalt noch relevant und aktuell?
- Macht es mir Freude?

Am Ende behielt ich sechs besondere Bücher, die mich auf unterschiedliche Art und Weise begeisterten: ‹Rich Dad, Poor Dad› von Robert Kiyosaki, weil man dieses Buch einfach nicht oft genug lesen kann. ‹Atomic Habits› von James Clear, weil es viele neue Erkenntnisse liefert. ‹I Love Christmas in New York› von Langenscheidt, weil es einfach nichts Schöneres gibt als Weihnachten in New York! ‹Homebody› von Joanna Gaines, weil ich die Sendung ‹Fixer Upper› liebe. Und zwei Bücher der Illustratorin Megan Hess, die mich einfach unglaublich glücklich machen.

Ein angenehmer Nebeneffekt dieser Aktion ist, dass ich seitdem keine Impulskäufe mehr tätige. Stattdessen überlege ich mir bereits im Laden, ob das Buch einen Platz neben meinen anderen sechs Büchern erhalten soll und ob eine reelle Chance bestand, dass ich es auch lesen würde.

Für mehr Klarheit im Regal: Diese Bücher könntest du wieder einmal durchsehen – und falls du sie kein zweites Mal lesen möchtest oder der Inhalt nicht mehr aktuell ist, aussortieren:

☐ Romane

☐ Biografien

☐ Sachbücher

☐ Reiseführer

☐ Schul- und Studienbücher

☐ Gesetzesbücher

☐ Duden

☐ Wörterbücher

☐ Lexika

☐ Bilderbücher

☐ Kochbücher

EXTRA-TIPP: Sortiere deine Bücher doch einmal nach Farben. Das ist eine ansprechende Möglichkeit, deinem Bücherregal eine ruhigere Optik zu verleihen.

Aus dem Haus und aus dem Kopf

Überall leuchteten warme Weihnachtslichter und bunte Dekorationen, die eine festliche Atmosphäre verbreiteten. An den Häusern schmückten prächtige Adventskränze die Türen und die Straßenlaternen trugen festliche Schleifen. Ein Hauch von Zimt und Tannenduft lag in der Luft. Zu Hause spielte meine Weihnachtsplaylist in Endlosschleife und begleitete mich von früh morgens bis spät abends. Mit jedem Ton nahm meine Vorfreude auf das Weihnachtsfest zu, und ich genoss jede Minute der heimeligen Adventszeit.

In den vergangenen Jahren konnte ich meine geliebte Vorweihnachtszeit leider nicht so genießen, wie ich es mir gewünscht hätte. Kurz vor Jahresende hatte ich immer viel Arbeit für meine Kunden gehabt und deshalb war mir oft wenig Zeit für all die Weihnachtsaktivitäten geblieben, die ich gerne mit meiner Familie zelebriert hätte. Es sei denn, ich hätte bereits im September damit begonnen. Aber bei Sonnenschein und Spätsommertemperaturen kam ich beim besten Willen nicht in Weihnachtsstimmung.

Dieses Jahr war alles anders. Nachdem ich die meisten Kundendossiers an meine Nachfolger übergeben hatte, hatte ich endlich Zeit für all die wunderbaren vorweihnachtlichen Unternehmungen, die ich mir immer so gewünscht hatte. Zusammen mit meinem Mann und unseren Kindern besuchte ich Weihnachtsmärkte, backte leckere Kekse und schaute Weihnachtsfilme. Als Höhepunkt der Adventszeit galt der Familienausflug einschließlich Oma zu einem Bauern im

Dorf, um den Weihnachtsbaum auszuwählen. Dort traf sich das halbe Dorf und genoss bei einem Glas Glühwein das behagliche Weihnachtsambiente.

Als ich diese Reise begonnen hatte, war mein Leben zu anstrengend, zu schwer, zu stressig gewesen. Ich hatte gelernt, dass das Weg- und Loslassen die Antwort auf vieles war, was ich gesucht hatte. Weniger Stress, weniger Ablenkung vom Wesentlichen, weniger Zeug, das verwaltet werden musste. Der Reichtum des Loslassens bestand für mich darin, dass ich mehr Zeit für die Dinge hatte, die mir wichtig waren. Zunehmend hatte ich das Gefühl, wieder Kontrolle über mein Handeln zu gewinnen. Je mehr aussortierte Gegenstände und berufliche Verpflichtungen mein Leben verließen, desto mehr sah ich von meinem neuen Leben. Und je einfacher mein Leben wurde, desto glücklicher wurden wir alle.

Während des Loswerdens traten Themen wie ‹Dankbarkeit›, ‹Achtsamkeit› und ‹Slow Living› immer mehr in den Fokus. Plötzlich fühlte ich Dankbarkeit für die Dinge, die ich hatte. Und diese Dankbarkeit sorgte für mehr Achtsamkeit. Ich pflegte und hegte unsere Habe mit mehr Fürsorge. Ich hinterfragte immer öfter, was wir kauften, und wie und wo die Waren hergestellt worden waren. Im Zuge dessen kam ich aber auch immer mehr ins Grübeln, ob sich mein Amazon-Business mit meinen Werten noch vereinbaren ließ.

Je mehr freie Zeit ich hatte, desto intensiver fühlte ich das langsame Leben. Weil ich nicht mehr wie eine Marionette von anderen Menschen und äußeren Einflüssen durch den Tag dirigiert wurde. Ich lernte, den Prozess zu genießen, aufmerksam meinen Kindern zuzuhören, wenn sie mir von ihren Erlebnissen berichteten, dem Krähen des Hahns in den frühen Morgenstunden zu lauschen, mich darüber zu freuen, wie der marokkanische Pfefferminz stoisch den eisigen Wintertemperaturen trotzte.

Kurz vor Weihnachten erreichten wir einen weiteren Meilenstein, als wir den Vertrag mit dem Käufer unserer Tesla-Vermietung unterzeichneten. Es war ein befreiendes Gefühl, nachdem wir in den vergangenen Monaten eine Reihe schwieriger Entscheidungen getroffen hatten, die mal mehr und mal weniger Mut erforderten. Und Niemand konnte uns eine Garantie geben, ob es die richtigen waren. Doch wir besannen uns auf den Grundsatz, dass nichts in Stein gemeißelt war. Mit jedem neuen Tag würden wir erneut die Chance erhalten, unser Leben zu ändern, wenn es sich nicht richtig anfühlte. Wir mussten nur den Mut aufbringen, unser Leben so zu gestalten, wie es für unsere Familie am besten war.

Dieser Prozess verlangte manchmal unkonventionelle Entscheidungen, die nicht den gesellschaftlichen Vorstellungen entsprachen. Natürlich gab es in unserem Umfeld lange und verständnislose Gesichter, weil wir ständig entgegen den althergebrachten helvetischen Normvorstellungen handelten. Ein Wunder, dass wir nicht mit Heugabeln und Fackeln aus dem Dorf gejagt wurden. Aber die Meinungen anderer Leute hatten keine Relevanz mehr für uns. Denn für mich war es das erste Mal seit Monaten, dass ich mich nicht fremdbestimmt fühlte. Und um mir diese Freiheit weiterhin zu bewahren, war ich fest entschlossen, unseren Weg fernab des schweizerischen Mainstreams fortzusetzen, ungeachtet dessen, was andere Personen sagten oder dachten. Ich war auch weiterhin dazu bereit, lieber unseren Lebensstandard noch weiter zu reduzieren, als jemals wieder den ganzen Tag von Problemen und unendlich vielen To-dos demoralisiert zu werden.

Deko

Als es endlich Zeit war, die Wohnung weihnachtlich zu schmücken, beschloss ich, gleich sämtliche Dekorationen aus dem Keller zu holen. Es war eine prima Gelegenheit, um gemeinsam mit meinen Kindern alles auszusortieren. Es waren ganze acht Kisten, die wir nach oben schleppten. Über die Jahre hatte sich so viel angesammelt, dass ich gar nicht alles aufstellen und aufhängen konnte. Die Auswahl war so überwältigend, dass das Dekorieren schon gar keinen Spaß mehr machte. Zudem waren auch einige Dekoartikel dabei, die mir mittlerweile keine Freude mehr bereiteten.

Begleitet von Dean Martins stimmungsvollen Weihnachtsklassikern ordneten wir zuerst alles nach Jahreszeit und Thema, sortierten kaputte oder ungeliebte Gegenstände aus. Es fiel mir manchmal schwer, eine Entscheidung zu treffen, besonders wenn meine Kinder emotional an bestimmten Objekten hingen. Diese behielten wir dann selbstverständlich. Um mir schwierige Entscheidungen zu erleichtern, besann ich mich auf meinen neuen Grundsatz: Behalte nur die Gegenstände, die dich beim Anblick entzücken und die du nochmals kaufen würdest.

Am Ende passte die gesamte Dekoration in zwei Kisten. Als wir einige Tage später unseren Weihnachtsbaum

aufstellten, entsorgten wir auch gleich kaputten oder unge-
liebten Baumschmuck.

Diese Dekoration kannst du durchsehen und aussortieren:

☐ Frühlingsdeko

☐ Sommerdeko

☐ Herbstdeko

☐ Winterdeko

☐ Weihnachtsdeko

☐ Christbaumschmuck

☐ Adventskalender

☐ Kerzen

☐ Duftlampen und Öle, Duftstäbchen und Diffuser

☐ Echte Pflanzen und solche aus Plastik

☐ Deko zum Aufhängen: Bilder, Traumfänger, Girlanden etc.

☐ Uhren

☐ Schalen und Körbe

☐ Glasgefäße

☐ Kleine Dekostücke wie Kristalle, Figuren etc.

☐ Türschmuck

☐ Lichterketten

☐ Deko für Garten und Terrasse

EXTRA-TIPP: Um das liebe Lichtergesindel in Zaum zu halten, kannst du die Lichterketten auf leere Haushaltsrollen aufwickeln. Schneide einfach einen Schnitt in die Kartonrolle und klemme das Ende der Kette dort ein, um es zu fixieren.

Das Schlafzimmer

Als ich beschloss, unser Schlafzimmer aufzuräumen, dachte ich zunächst, dass es nicht viel zu entrümpeln gäbe. Doch als ich die Schubladen unserer Kommode öffnete, fand ich viele Dinge, die ich loswerden wollte. Auch in den Kisten unter dem Bett hatte sich im Laufe der Zeit eine Menge angesammelt. Ich hatte es nur nicht auf dem Radar, weil es auf den ersten Blick nicht sichtbar gewesen war.

Zunächst sortierte ich sämtliche Zierkissen und deren Bezüge aus, da wir sie nie benutzten. Ersatzbettwäsche, Leinentücher und Moltons durften ebenfalls gehen. Seit Jahren verwendeten wir immer dieselbe Bettwäsche, während die restlichen Bezüge unberührt blieben. Es war also unwahrscheinlich, dass wir sie in den nächsten Jahren benötigen würden.

In einer Kiste unter dem Bett fand ich einige Stoffreste, die mein Erstgeborener vor Jahren einmal für Bastelaktionen genutzt hatte. Da er aus dem Bastelalter längst herausgewachsen war und ich nicht nähen konnte, musterte ich sie ebenfalls aus.

Einige Anregungen, was du im Schlafzimmer durchsehen und aussortieren könntest:

☐ Nachttischschubladen

☐ Kommoden

☐ Bettwäsche

☐ Kissen und -bezüge

☐ Decken

☐ Leinentücher

☐ Moltons

Das Badezimmer

Das Ausmisten des Badezimmers ist eine dankbare Kategorie, denn hier liegt ein unglaublich großes Potenzial, wenn du überflüssige Dinge loswerden möchtest. Bei mir meldeten sich die Themen ‹Less Waste› und ‹Nachhaltigkeit› zunehmend lauter, und deshalb freute ich mich besonders darauf, im Bad Tabula rasa zu machen! Ich konnte es kaum erwarten, alle Shampoos, Duschgels und flüssigen Handseifen aufzubrauchen, um sie schnellstmöglich durch umweltverträgliche Produkte zu ersetzen.

Unsere erste Maßnahme in Richtung Nachhaltigkeit und Müllvermeidung war der Kauf von plastikfreien Wattestäbchen. Außerdem besorgte ich waschbare Bambus-Abschminktücher sowie Seifen von lokalen bio-zertifizierten Herstellern. Wir haben einige umweltfreundliche Produkte ausprobiert; manches funktionierte nicht für uns, aber vieles gefiel uns, zum Beispiel unsere neuen Handtücher aus reinem Biomaterial. Weil sie recht teuer waren, war das ein guter Zeitpunkt, um uns zu überlegen, wie viele Hand- und Badetücher wir tatsächlich brauchten. Bis dahin besaßen wir ein beachtliches Sammelsurium an Badetüchern in allen Größen und Farben. Letztlich beschlossen wir, dass vier Badetücher, zwei Handtücher und ein Waschlappen ausreichend waren. Und wir kamen bestens damit zurecht.

Eine kleine Inspiration fürs Aussortieren im Badezimmer:

☐ Hand- und Badetücher

☐ Waschlappen

☐ Bademäntel

☐ Hautpflegeprodukte wie Gesichtscremes, Masken etc.

☐ Duschgels, Bodylotions, Hand- und Fußcremes

☐ Deos und Parfums

☐ Haarpflegprodukte: Shampoo, Pflegespülung, Haarsprays

☐ Haar-Accessoires wie Haarspangen, -gummis, -bänder etc.

☐ Föhn, Glätteisen, Lockenstab, Lockenwickler etc.

☐ Kämme und Bürsten

☐ Kosmetik, Make-up, Pinsel und Schwämme

☐ Nagellacke

☐ Muster aus der Apotheke

☐ Badespielzeug

EXTRA-TIPP: Eine schöne Möglichkeit, um Badeutensilien und Kosmetikprodukte ordentlich und übersichtlich zu organisieren, sind Körbe und Boxen aus Naturmaterialien, zum Beispiel aus Holz. Schubladen-Organizer sind fast unverzichtbar, um Übersichtlichkeit und Ordnung in den Schränken zu schaffen.

Das einfache Leben zum Greifen nah

Abgesehen von einem Zoom-Call mit meinem Spediteur an Heiligabend waren die Festtage sehr entspannt. Dies war nicht zuletzt der Pandemie und den damit verbundenen Restriktionen geschuldet. Sämtliche Weihnachtsfeiern fielen aus, was zwar schade war, aber auch positive Aspekte hatte: keine Geschäftsessen und kein hektisches Herumfahren zu allen möglichen Verwandten und Bekannten.

Deshalb starteten wir den Weihnachtsmorgen gemütlich mit einem Klassiker: ‹Kevin allein zu Haus›. Später schlenderten wir durch die engen Gässchen unseres malerischen Bauerndorfs und bestaunten die mit viel Liebe dekorierten Häuser und Gärten. Der Duft von brennendem Kaminholz verlieh der besinnlichen Atmosphäre eine zusätzliche Wärme und Gemütlichkeit, an die ich mich noch Jahre später erinnern würde. Den Abend liessen mein Mann und ich mit einem selbstgemixten Eggnog ausklingen.

Nach Silvester war es dann aber leider vorbei mit der Festtagsidylle und glückseliger Eggnog-Schlürferei. Mein Spediteur teilte mir mit, dass das Schiff, auf dem meine Waren von China nach New York unterwegs waren, Havarie angemeldet hatte. Die Informationen waren spärlich und niemand kannte die Folgen. So einen Fall hatten sie noch nie, sagte mir mein Spediteur am Telefon sichtlich bestürzt. Schon klar, dass so ein Ausnahmeereignis genau bei mir passierte. Manchmal hatte ich echt das Gefühl, ein Magnet für Probleme und außergewöhnliche Geschehnisse zu sein. Auf jeden

Fall war das Schiff beschädigt, und es stand in den Sternen, ob meine Waren intakt waren und ob sie jemals am Hafen von New York ankommen würden. Nur eines war sicher: Sollten die Waren nicht mehr zu retten sein, würde dies einen Verlust von mehreren zehntausend Franken zur Folge haben.

Noch vor einigen Monaten hätte dieses Ereignis einen psychischen Supergau bei mir ausgelöst, wäre der Startschuss für einen Panikanfall allererster Güte gewesen. Da ich meine Verpflichtungen und mein Stresslevel in den letzten Monaten deutlich reduziert hatte, fühlte ich mich aber um einiges widerstandsfähiger. So kostete mich diese Hiobsbotschaft lediglich ein Augenrollen. Nicht, dass es mich nicht geärgert oder beunruhigt hätte, aber ich entschied mich bewusst dafür, Ruhe zu bewahren und mich um dieses Problem zu kümmern, wenn sich herausstellen sollte, dass es eines war. Aufzugeben war zu diesem Zeitpunkt ohnehin keine Option. Es bestand noch eine kleine Chance, dass die Waren doch irgendwann im Amazon-Lager ankommen würden.

Die Zeit des Wartens vertrieb ich mir mit weiteren Entrümpelungsaktionen. Bevor ich mich der Küche widmen wollte, stand eine Kiste mit Belegen und Bedienungsanleitungen für diverse Geräte auf dem Programm.

Bedienungsanleitungen, Garantien, Quittungen

Bisher bewahrten wir alle Bedienungsanleitungen, Quittungen und Garantien in einer großen, weißen Kiste auf und schauten dort jeden Tag rein. Nein, natürlich nicht. Wir sahen kein einziges Mal hinein. Erstens hätten wir ewig nach der richtigen Quittung suchen müssen und zweitens waren die meisten schon so verblichen, dass sie kaum mehr lesbar waren. Wenn wir eine Frage zur Bedienung eines Gerätes hatten, recherchierten wir im Internet und wühlten nicht in dieser Kiste. Deshalb beschloss ich, alle Bedienungsanleitungen ins Altpapier zu werfen. Die Garantiescheine und Quittungen überprüfte ich dahingehend, ob wir die entsprechenden Gegenstände noch besaßen und die Garantie noch galt.

Am Ende behielt ich nur eine Handvoll Quittungen, die ich in meinem Vertragsordner ablegte. So konnten wir uns wieder von einer Kiste verabschieden und besaßen nur noch die wirklich wichtigen Unterlagen.

So bringst du Ordnung in deine Bedienungsanleitungen, Garantiescheine und Quittungen:

1. Trage zuerst alle Anleitungen und Belege zusammen.

2. Überprüfe, ob du den Gegenstand noch besitzt.

3. Kontrolliere, ob der Garantieanspruch noch gültig ist.

4. Suche für die übriggebliebenen Quittungen und Garantiescheine ein Zuhause.

5. Alles andere kommt in die Altpapiersammlung.

EXTRA-TIPP: Wenn du eine App des entsprechenden Einzelhändlers auf deinem Handy hast, kannst du einstellen, dass Quittungen und Garantiescheine nur online in der App gespeichert werden.

Küche

Meine Küche war ein herrlicher Ort zum Entrümpeln! Da Kochen nicht zu meinen Hobbys zählt, ist die Kaffeemaschine das einzige Gerät, das mir wirklich wichtig ist. Backen würde ich grundsätzlich gerne, aber ich fühle mich von den Zutaten immer extrem gestresst. Die liegen dann kreuz und quer herum und müssen abgewogen und in Gruppen zusammengefügt werden. Wenn man dazu noch Eier trennen muss oder – Grauen über Grauen – Gelatine ins Spiel kommt, bin ich definitiv raus. Vor lauter Überforderung macht mir das Ganze dann sowieso keinen Spaß mehr.

Und so entledigte ich mich fast aller Backutensilien. Ich behielt nur eine Kuchenform und den Teigschaber. Das Kaffeeservice musterte ich ebenfalls aus, da weder mein Mann noch ich unseren Kaffee daraus tranken. Wir benutzten stets dieselben vier Kaffeebecher. Weiter ging es mit den Trinkgläsern: Von diesen besaßen wir viel zu viele, zudem in verschiedenen Designs. Ich entschied mich für diejenigen, die mir am besten gefielen, und legte die anderen in die ‹Toni-Kiste›. Danach sortierte ich alle Tupperware-Behälter, Schüsseln und Pfannenwender aus. Drei Schneebesen waren eindeutig zwei zu viel, deshalb durfte nur einer bleiben. Ein paar Tage später hätte ich zwar einen zweiten gut gebrauchen können, da ich zwei verschiedene Suppen zubereitete, aber ich improvisierte und war entschlossen, mit dem auszukommen, was mir zur Verfügung stand. Gehen musste auch die Küchenmaschine, die in den letzten fünfzehn Jahren kein einziges Mal zum Einsatz gekommen war und nur viel Platz in Anspruch nahm.

69

Ein besonderer Dorn im Auge waren mir schon lange die Weingläser. Wir tranken keinen Wein und holten sie folglich nur aus dem Schrank, wenn wir Gäste hatten – was in den letzten Jahren selten vorkam. Da wir uns einig waren, dass unser Zuhause für uns eingerichtet sein musste und nicht für Gäste, wanderten die Weingläser in die ‹Toni-Kiste›. Ihnen folgten zwei zerkratzte Bratpfannen und ein großer Kochtopf. Danach sortierte ich gemeinsam mit meinen Kindern die Weihnachtskeksformen aus. Wir trennten uns von denjenigen, die uns keine Freude bereiteten oder unpraktisch im Handling waren.

Zum Schluss räumte ich alle Küchenutensilien so ein, dass sie uns den Alltag erleichterten. Ich platzierte alle Tassen, Gläser und Teller für meine Kinder so weit unten, dass sie sie leicht erreichen konnten, ohne auf die Küchenablage klettern zu müssen. Alle Gegenstände, die wir oft brauchten, bewahrte ich an einem gut zugänglichen Ort auf. Für die Pfannendeckel habe ich bei Ikea einen Tellerhalter aus Holz gekauft, damit sie ordentlich an ihrem Platz bleiben. So muss ich nicht zuerst sämtliche Deckel wegräumen, um eine Pfanne greifen zu können. Die Deckel der Tupperware-Boxen habe ich in einem kleinen Gefäß verstaut, damit sie nicht verloren im Schrank herumschwirren. Seitdem finde ich jeden passenden Deckel auf Anhieb.

Nach dem Ordnen der Küchenutensilien überprüfte ich alle Esswaren und Gewürze auf ihr Haltbarkeitsdatum. Dabei stellte ich fest, dass wir zu viele Gewürze besaßen. Ich verschenkte diejenigen, die wir nie benutzt haben, und entsorgte diejenigen, die bereits Jahre über das Haltbarkeitsdatum hinaus waren.

Beim Aufräumen fand ich auch Papierservietten und Tischsets. Da sie zu schade zum Wegwerfen waren, legte ich sie so bereit, dass wir sie in naher Zukunft anstelle von Haushaltspapier verwenden konnten. Danach ersetzten wir die Servietten und das Haushaltspapier durch waschbare Stoffservietten.

Eine kleine Inspiration, was du in deiner Küche aussortieren könntest:

□ Trinkgläser

□ Weingläser

□ Tassen

□ Unbenutztes Serviergeschirr

□ Unbenutztes Porzellan

□ Teller

□ Schüsseln

□ Besteck

□ Kochlöffel

□ Toaster, Küchenmaschine, Mixer, Fritteuse, Wasserkocher

- [ ] Kleine Küchenutensilien wie Knoblauchpressen, Käsereiben, Eierschneider, Korkenzieher, Flaschenöffner, Dosenöffner etc.

- [ ] Backutensilien

- [ ] Keksförmchen

- [ ] Schneidebretter

- [ ] Tupperware

- [ ] Gratin-Schalen

- [ ] Töpfe und Pfannen inkl. Deckel

- [ ] Siebe

- [ ] Backbleche

- [ ] Esswaren

- [ ] Gewürze

- [ ] Geschirrtücher

- [ ] Servietten

- [ ] Tischsets

- [ ] Einmachgläser

- [ ] Lunchboxen

- [ ] Coffee-to-go-Becher

- [ ] Trinkflaschen für unterwegs

- [ ] Thermosflaschen und -kannen

- [ ] Unbenutztes Spezialwerkzeug

EXTRA-TIPP für eine gut organisierte Küche:

1. **Ausmisten:** Alle überflüssigen Gegenstände aus der Küche entfernen. Was nicht benutzt wird oder seit Jahren ungenutzt herumsteht, weggeben.

2. **Aufbewahrung:** Küchenutensilien und -geräte gut zugänglich lagern. Regale und Schränke übersichtlich einräumen. Einsätze sowie Antirutschmatten für Schubladen verwenden, um alles zu organisieren.

3. **Minimalismus:** Anzahl der Geräte reduzieren oder in solche investieren, die mehrere Funktionen haben. Nur Geräte behalten, die tatsächlich benötigt werden.

4. **Nachhaltigkeit:** Umweltfreundliche Alternativen wie Stoffservietten, wiederverwendbare Behälter, Holzschneidebretter und Bienenwachstücher verwenden, um Plastikmüll zu vermeiden.

5. **Etikettierung:** Schubladen und Behälter hübsch beschriften, um alles einfacher zu finden und zu identifizieren.

6. **Häufig Verwendetes griffbereit:** Oft benutzte Gegenstände in Nähe der Arbeitsfläche aufbewahren.

7. **Bezauberndes für die Küche:** Sich schöne Dinge für die Küche gönnen wie hübsche Geschirrtücher, eine niedliche Küchenschürze oder geschmacksvolle Dosen. Diese Sachen sieht man nämlich den ganzen Tag und sollten deshalb beim Anblick Freude versprühen.

8. **Regelmäßig ausmisten**, damit die Küche aufgeräumt bleibt. Alle paar Monate durch die Schränke und Schubladen gehen und alles entfernen, was nicht benutzt wird.

Homeoffice

Mittlerweile waren alle meine Kunden in guten Händen, und ich konnte mein Büro auf das Wesentliche reduzieren.

Aufgrund meiner Affinität zu Papeterie-Artikeln hatte ich in den letzten zwei Jahrzenten eine imposante Menge an Büromaterial angehäuft. Um mir einen Überblick zu verschaffen, räumte ich zunächst alles aus den Schränken und Schubladen. Obwohl es mir schwerfiel, mich von Mappen, Ordnern, Register, Haftnotizen und Notizbüchern zu trennen, wurde mir klar, dass ich wahrscheinlich nicht lange genug leben würde, um alles aufbrauchen zu können. Deshalb entschloss ich mich, nur Artikel zu behalten, die ich tatsächlich im Alltag benötigte: meine geliebten metallic Textmarker, einige Haftnotizen und ein paar Register für die Archivierung zu Beginn eines neuen Jahres. Und alle meine hübschen Notizbücher. Im Gegenzug behielt ich dafür nur eine von vier Korkwänden, nämlich diejenige, die als Vision Board diente. Die anderen drei hatten bisher als To-do-Listen fungiert, die ich durch eine webbasierte To-do-Liste ersetzte. Der Rest wurde von Toni abgeholt.

Folgende Gegenstände könntest du in deinem Homeoffice wieder einmal ausmisten:

□ Zeigetaschen und Hüllen

□ Ordner

□ Register

□ Tacker und Klammern

- Locher

- Heftklammern

- Stifte, Marker, Radiergummis, Spitzer

- Couverts und Umschläge

- Haftnotizen

- Stempel

- Briefpapier

- Vorräte an Geburtstags-, Hochzeits-, Geburtskarten etc.

- Notizbücher

- Visitenkarten

- Behälter für Stifte, Papiere etc.

- Diverse Schnipsel und Notizen

Hier ein paar Ideen für eine einfache und übersichtliche Organisation deines Homeoffice:

1. Wenn du **Schachteln, Körbe und Dosen** verwendest, kannst du Stifte, Marker, Haftnotizen und anderes Büromaterial übersichtlich in Schubladen aufbewahren. Es hilft dir, schneller zu finden, was du brauchst, und dein Arbeitsplatz bleibt ordentlich.

2. **Kleine Schubladenboxen** sind ideal, um Zeigetaschen, Umschläge, Register oder Dokumente aufzubewahren. Um noch mehr Übersicht zu erlangen, kannst du diese auch beschriften.

3. **Um Ablenkung zu vermeiden,** sollte der Schreibtisch sauber und aufgeräumt sein. Unnötige Dinge, die du nicht benötigst, kannst du entfernen. Ich ging noch einen Schritt weiter und ließ meinen Schreibtisch, bis auf mein Notebook, ganz leer.

4. **Um eine ruhige Atmosphäre zu schaffen,** sollten Ordner durchgängig dieselbe Art und Farbe haben und einheitlich beschriftet sein.

5. **Hübsche Briefkörbe oder Stehordner** aus Karton oder Holz eignen sich prima, um Dokumente, die noch bearbeitet werden müssen, zu sortieren. So behältst du den Überblick und kannst schnell auf wichtige Papiere zugreifen.

6. **Beschriftungsgeräte** wie beispielsweise der P-touch von Brother oder der LabelManager von Dymo sind zweifelsfrei ein gutes Investment. Diese Geräte sind wunderbare Helfer, um alles einheitlich zu beschriften – von Dosen und Regalen bis hin zu Ordnern und Behältern. Darüber hinaus kommen sie auch in der Küche, der Werkstatt oder in der Garage zum Einsatz.

EXTRA-TIPP: Für die Organisation meiner To-dos benutze ich das Tool ‹Trello›. Es ist für den PC wie auch als App verfügbar. Mit ‹Trello› kannst du nicht nur übersichtliche To-do-Listen erstellen, sondern auch ganze Projekte managen. Du kannst verschiedene Boards anlegen, einzelne Karten in andere Listen verschieben, Checklisten erstellen, Links einfügen und diese mit Team- oder Familienmitgliedern teilen.

Persönliche Dokumente und Verträge

Um meine persönlichen Dokumente wie Schul- und Arbeitszeugnisse, das Familienbüchlein, meinen Impfausweis und sonstige Dokumente zu organisieren, legte ich eine Registermappe an. Ich beschriftete jedes Register entsprechend, damit ich schnell finde, was ich brauche. Für Verträge benutzte ich einen gewöhnlichen Ringordner mit einer Registereinlage und einem Inhaltsverzeichnis. In diesem Ordner legte ich auch die Handvoll Quittungen und Garantien ab, die aus unserer weißen Chaoskiste übriggeblieben waren. Um Platz zu schaffen, entsorgte ich alte Bewerbungsschreiben, Schnipsel über Vorsorgelösungen und Steuertipps sowie Zeitungsartikel, die ich auch im Internet leicht finden konnte.

Eine Liste mit persönlichen Dokumenten, die gut organisiert abgelegt werden sollten:

□ Geburtsurkunden

□ Familienbüchlein

□ Schriftenempfangsschein

□ Impfausweis und Blutgruppenausweis

□ Schulzeugnisse

□ Arbeitszeugnisse

□ Steuererklärungen

□ Verträge und Versicherungspolicen

□ Reisepass / Personalausweis

EXTRA-TIPP: Überprüfe deine persönlichen Dokumente regelmäßig, um sicherzustellen, dass sie auf dem neuesten Stand sind. Du kannst auch digitale Kopien erstellen und diese auf einer sicheren Festplatte speichern, für den Fall, dass du deine physischen Dokumente verlierst oder sie gestohlen werden.

PC entrümpeln

Ganz miese Krise! Ich muss ehrlich gestehen, dass dieses Vorhaben definitiv keine Freude versprühte. Noch nicht einmal darüber zu schreiben, versprüht Freude in irgendeiner Art. Aber der Vollständigkeit halber werde ich mich überwinden und es trotzdem tun. Mein Computer war schon seit langer Zeit unorganisiert, da ich in den letzten Jahren permanent unter Stress stand und die Dateien oft schnell abspeichern musste, ohne Zeit für eine ordentliche Sortierung zu haben. Dadurch hatte ich viele ähnliche oder sogar identische Ordner erstellt, was zu einem Chaos führte. Wenn ich eine bestimmte Datei suchte, musste ich jeden Ordner durchwühlen, weil ich selbst nicht mehr wusste, wo ich was abgelegt hatte. Es war einer der größten Zeitfresser in meinem Leben. Das musste sich schleunigst ändern.

Also rappelte ich mich auf und durchforstete systematisch jeden Ordner. Ich löschte Unnötiges und benannte Dateien um. Wo es Sinn machte, organisierte ich die Ordner neu, führte sie zusammen und verschob alte Dateien ins Archiv.

Obwohl ich eigentlich eher der analoge Typ war und Papier bevorzugte, wurde es mir je länger je wichtiger, so wenig wie möglich physisch aufbewahren zu müssen. Einerseits um Platz zu sparen und andererseits auch um örtlich flexibel zu sein. Deshalb entschied ich mich nun für eine papierlose Administration und stellte schrittweise alles auf elektronische Aufbewahrung um. Somit hatte ich nicht nur weniger Ordner im Regal stehen, sondern trug auch zur Schonung der natürlichen Ressourcen bei. Am Ende war unser Büro so minimiert, dass wir eigentlich gar keines mehr brauchten.

Apropos elektronisches Büro: Um Ordnung auf dem PC zu schaffen, griff ich auf die Cloud-Lösung ‹Dropbox› zurück. Ich erstellte Ordner für unsere Familie, unsere Firma und einen persönlichen Ordner für mich. Sowohl mein Mann als auch ich hatten Zugriff auf die Familien- und Firmen-Ordner. Die Ordnerstruktur organisierten wir so einfach wie möglich, das heißt, sie musste einfach und logisch aufgebaut sein, damit wir uns beide leicht damit zurechtfanden.

Einige Beispiele meiner Ordnerstruktur:

Hauptordner	Archiv
Unterordner	2021
	2020
	usw.
Hauptordner	Kinder
Unterordner	Erstgeborener
Ordner für	*Schule*
Ordner für	Tennis
usw.	
Unterordner	Zweitgeborener
Ordner für	Schule
Ordner für	Fußball
usw.	
Hauptordner	Fotos
Unterordner	Familie
Ordner für	2022
Ordner für	2021
Unterordner	Ferien
Ordner für	Gstaad September 2020
Ordner für	New York Dezember 2017

Hauptordner	Firma XY
Unterordner	Finanzen
Ordner für	Steuern
Ordner für	Buchhaltung
Ordner für	Kreditoren
Ordner für	Debitoren
Unterordner	Personal
Ordner für	Mitarbeiter A
Ordner für	Mitarbeiter B

usw.

Sobald du eine für dich passende Ordnerstruktur gefunden hast, wirst du in Zukunft schnell und einfach die gesuchten Dateien und Informationen finden.

Anhand dieser Schritte habe ich meinen PC entrümpelt:

1. Dateien löschen, umbenennen und umorganisieren.
2. Archivordner für alte Dateien anlegen, die aufbewahrt werden müssen. Alternativ könntest du alte Dateien auch auf einer externen Festplatte oder einem Memorystick speichern.
3. Eine unkomplizierte, einfache Ordnerstruktur finden, die für dich Sinn macht, und dich daran halten.

4. Dateien so beschriften, dass das Datum ersichtlich ist und klar ist, um welches Dokument es sich handelt.

5. Dateien in die jeweiligen Ordner verschieben.

EXTRA-TIPP: Es kann demotivierend sein, sich vorzustellen, den gesamten PC ausmisten zu müssen. Ich habe es selbst erlebt. Um Überforderung zu vermeiden und den Aufräumprozess in Gang zu bringen, kann es hilfreich sein, wenn du dir nur einen Ordner pro Tag oder pro Woche vornimmst.

Ein weiterer Vorschlag wäre, dass du dich zunächst nur auf den Bereich konzentrierst, der am meisten Unordnung verursacht. Dies könnte beispielsweise der Download-Ordner oder der Desktop sein. Wenn du hier beginnst, kannst du schnell unnötige Dateien löschen oder an geeignete Orte verschieben, um Platz und Übersichtlichkeit zu schaffen. Sobald du Fortschritte siehst, wird es oft einfacher, dich komplexeren Ordnern zu widmen.

Online-Postfach

Noch eine Kategorie, auf die ich keinen Bock hatte. Ich wusste, dass es ewig dauern würde, bis ich alle Emails durchgelesen hätte. Allerdings war mir die Notwendigkeit bewusst, denn ich wollte unbedingt ein leeres Postfach haben, fühlte mich von all den Emails buchstäblich erdrückt.

Ich begann damit, alle eintreffenden Newsletter abzubestellen und den Absender von unerwünschten Trash-Emails sofort zu blockieren. Das hatte den positiven Effekt, dass ich in kürzester Zeit weniger Emails erhielt. Danach löschte ich unnötige Emails und speicherte wichtige Nachrichten als PDF in den entsprechenden Ordnern meiner Dropbox. Dasselbe wiederholte ich bei den gesendeten und gelöschten Emails.

Ich kann es nicht anders sagen: Es war wirklich ‹a pain in the ass›, wie es mein amerikanischer Lieblingskunde immer so nett ausdrückte. Es war unmöglich, dies an einem Tag fertig zu bekommen. Ich verbrachte täglich ungefähr eine Stunde damit, Nachrichten zu lesen, zu löschen, zu verschieben und abzuspeichern. Nach drei Wochen war alles erledigt und der Aufwand hatte sich definitiv gelohnt. Mein Posteingang beinhaltete nur noch zwei Emails, die bearbeitet werden mussten. Es war nun ganz einfach, Ordnung zu halten, alleine nur schon deswegen, weil ich wirklich keine Lust dazu hatte, das jemals nochmals tun zu müssen!

Mit diesen einfachen Schritten bringst du dein Online-Postfach auf Vordermann:

1. Abbestellen aller Newsletter

2. Sofortiges Blockieren der Absender von Spam-Mails

3. Löschen aller unnötigen Emails

4. Erstellen von verschiedenen Ordnern und Verschieben von Emails

5. Speichern von wichtigen Emails als PDF-Dateien mit dem Druckfilter ‹Microsoft Print to PDF› oder über die Outlook-Funktion ‹Datendateien›

6. Ordnung halten durch regelmäßiges Bearbeiten eingehender Emails und Aufräumen deines Postfachs

Briefpost

Wie meine Online-Post wollte ich auch die physisch eingehende Briefpost nachhaltig reduzieren. Es war bescheuert, die Post aus dem Briefkasten zu holen, nur um sie ins Altpapier zu werfen und dann auch noch entsorgen zu müssen. Ich beantragte deshalb überall, wo es möglich war, eine elektronische Rechnungsstellung. Wenn ich Magazine von Dienstleistern wie der Krankenkasse, dem Elektrizitätswerk oder eines Einzelhändlers erhielt, prüfte ich auf deren Website, ob ich die Werbemittel über ein Online-Formular abbestellen konnte. Alle anderen Werbebriefe und Kataloge schickte ich mit der Kennzeichnung REFUSÉ an den Absender zurück. Es war ein einmaliger Aufwand, der sich schnell auszahlte. Wir erhielten bald nur noch einen Bruchteil der Briefpost und mussten obendrein deutlich weniger Altpapier entsorgen.

Mit diesen Maßnahmen kannst du eingehende Briefpost nachhaltig eindämmen:

1. Rechnungen, Bankauszüge und Ähnliches nur noch online erhalten

2. ‹Keine Werbung und Gratiszeitungen›-Aufkleber am Briefkasten anbringen

3. Zeitungen und Magazine von Krankenkassen, Energieversorgern, Einzelhändlern etc. abbestellen

4. Unerwünschte Werbebriefe und Kataloge an den Absender zurückschicken

EXTRA-TIPP: Das OHIO-Prinzip (Only Handle It Once – fasse alles nur einmal an) hilft dir, produktiver zu sein. Das Prinzip verfolgt den Grundsatz, dass alles, was man in die Hand nimmt, auch gleich erledigt werden sollte. Zum Beispiel sollte jede eingehende Rechnung sofort elektronisch beantragt und jedes Magazin, das im Briefkasten landet, umgehend abbestellt werden. Dadurch lässt sich Zeitverlust durch eine erneute Bearbeitung verhindern – und das Aufstauen von unerledigten Aufgaben ebenfalls.

Handy / iPad

Wer kennt sie nicht, die Unmengen von Fotos, Videos, Apps und Notizen auf dem Handy? Für mich war es höchste Zeit, hier Abhilfe zu schaffen. Zunächst schaute ich meine Kontaktliste durch und löschte alle Namen, an die ich mich nicht mehr erinnern konnte. Außerdem entfernte ich alle Personen, mit denen ich keinen Kontakt mehr hatte oder haben wollte. Dasselbe tat ich, wenn ich nicht sicher war, ob die Daten noch aktuell waren.

Anschließend löschte ich alle Apps, die ich nicht mehr benutzte, und erstellte einen Ordner für die Apps, die ich nur selten brauchte. Ich überprüfte auch meine Notizen und löschte diejenigen, die ich nicht mehr benötigte. Ich entfolgte jeglichen Instagram-Accounts, die mir keine Freude machten, mich nervten oder keinen nützlichen Content erzeugten. Bei Facebook schmiss ich alle Freunde raus, die keine waren.

Der mühsamste Teil war das Sortieren der Fotos. Dafür legte ich verschiedene Alben an und ordnete die Bilder entsprechend zu. Schlechte und ähnliche Aufnahmen löschte ich, alte Fotos oder solche, die mit meiner Arbeit zu tun hatten, speicherte ich in einem dafür vorgesehenen Ordner in der Dropbox.

Es gibt für das Sortieren von Fotos ein paar benutzerfreundliche und kostenlose Apps. Hier eine Auswahl:

Google Fotos: Für nicht IT-affine Personen wie mich ist ‹Google Fotos› eine gute Wahl. Die App ist einfach zu bedienen und bietet eine automatische Organisation der Bilder anhand von Daten, Orten und Gesichtserkennung. Dadurch lassen sich Fotos leicht finden und sortieren. Zudem besitzt sie eine Funktion namens ‹Aufräumen›, die es dir ermöglicht, schlechte oder ähnliche Fotos und Screenshots zu erkennen und zu löschen. Die App ist für Android und iOS verfügbar und kann auch im Web verwendet werden.

Gemini ist eine kostenpflichtige Premium-App und kann ähnliche Fotos und Duplikate auf deinem Gerät erkennen. ‹Gemini› bietet auch eine Funktion namens ‹Smart Select›, die es dir ermöglicht, automatisch alle Duplikate mit Ausnahme der am besten bewerteten Fotos zu entfernen. Neben der Premium-Version gibt es eine kostenlose Testversion, die du herunterladen und ausprobieren kannst.

Nach dem Ausmisten meines Smartphones sparte ich sehr viel Zeit, weil ich nur noch die Apps und Kontakte auf dem Gerät hatte, die ich auch wirklich benötigte. Mein Handy war übersichtlich, ordentlich, und der Speicherplatz war ebenfalls nicht bis zum letzten Byte ausgereizt.

Handy und iPad entrümpeln. So geht's:

1. Unnötige Apps löschen
2. Verbleibende Apps nach Häufigkeit der Nutzung sortieren und in Ordner gruppieren
3. Notiz-App überprüfen und aktualisieren, unnötige und veraltete Notizen entfernen
4. Unerwünschte Fotos löschen oder in Cloud verschieben
5. Social-Media-Konten überprüfen und gegebenenfalls entfolgen

6. Kontakte überprüfen, aktualisieren und unnötige Einträge löschen

7. WhatsApp-Chats durchgehen, aus Gruppen austreten (ich weiß, eine unangenehme Angelegenheit…) und Chats archivieren

EXTRA-TIPP: Wenn du die erste Seite deines Handys leer lässt und stattdessen ein inspirierendes Hintergrundbild wählst, siehst du immer als Erstes ein schönes Bild, welches dich glücklich macht. Lasse dir auf der zweiten Seite nur die Apps anzeigen, die du regelmäßig und oft benötigst. Auf den nachfolgenden Seiten können dann alle weiteren Apps folgen, die du seltener brauchst.

Keep life simple

Mittlerweile war es Februar und somit Zeit, die Unterlagen des vergangenen Jahres ins Archiv zu bringen. Unser Archiv hatten wir im Keller untergebracht, es enthielt sowohl persönliche als auch geschäftliche Dokumente. Um eine bessere Übersicht zu gewährleisten, führte ich eine Excel-Liste mit allen im Archiv vorhandenen Dokumenten. Die Archivierung im Allgemeinen hielt ich einfach: Wenn ich den Ordner mit den Unterlagen des vergangenen Jahres ins Archiv brachte, aktualisierte ich die Excel-Liste entsprechend.

Da ich mich inzwischen nur noch um ein Business kümmern musste, hatte sich mein Leben wesentlich vereinfacht. Natürlich war es auch stressfreier geworden. Allerdings hatte sich unser Einkommen deutlich verringert. Davor hatte ich mich am meisten gefürchtet, und das war auch der Grund, warum ich nicht schon eher die Reißleine gezogen hatte. Aber letztendlich konnte ich erst dank dieser Krise den Mut aufbringen, etwas an meiner Lage zu ändern. Schwere Zeiten können eben auch Wegweiser sein, die uns helfen, uns auf das Wesentliche zu besinnen, und die uns wieder auf den richtigen Pfad führen.

Mir wurde dadurch wieder bewusst, dass meine Familie das Allerwichtigste in meinem Leben war. Die Top-eins-Priorität schlechthin. Denn wenn ich an die Vergangenheit dachte, waren es nicht unsere Besitztümer, sondern die Erinnerungen an die Stunden mit meinen Kindern, die mich am meisten berührten. Und genau das wollte ich: wieder mehr

Zeit mit meinen Kindern verbringen, und zwar intensiv. Ohne in Gedanken meine geschäftliche To-do-Liste durchzugehen. Einfach nur den Moment im Hier und Jetzt mit meinen süßen Jungs genießen.

Umso mehr freute ich mich, dass wir mittlerweile mit der Planung für unsere sechsmonatige Auszeit in den USA begonnen hatten. Angedacht war diese Reise schon lange, aber aufgrund der Pandemie mussten wir sie um ein Jahr verschieben. Jetzt, da ich endlich mein Business-Chaos sortiert hatte, schien der perfekte Zeitpunkt dafür zu sein. Beim Entrümpeln half mir der Gedanke, dass wir für längere Zeit im Ausland sein würden. Da wir vorhatten, unsere Wohnung für sechs Monate zu vermieten, konnte ich mich leichter von überflüssigen Dingen trennen. Zum einen mussten wir dann weniger Zeugs einpacken und im Keller lagern. Zum anderen fragte ich mich bei jedem Gegenstand, ob ich diesen auch mitnehmen würde, wenn wir für immer in den USA bleiben würden.

Meinen durchgetakteten Tagesplan hatte ich in der Zwischenzeit durch ein Bullet Journal ersetzt. Dieses personalisierte Planungssystem, das als Kombination aus Tagebuch, Kalender, Notizbuch und Organizer dient, ermöglichte mir, meine Termine, Aufgaben, Ziele und Gedanken an einem Ort zu organisieren. Mir gefielen die Flexibilität und Anpassungsfähigkeit an meine individuellen Bedürfnisse und dass ich es nach meinen Vorlieben gestalten und anpassen konnte.

Dementsprechend war mein Bullet Journal auch keines dieser aufwendig gestalteten Meisterwerke, die mir immer in den Sozialen Netzwerken präsentiert werden. Mein Bullet

Journal hat nur ein schlichtes Design mit den für mich wichtigsten Punkte für Lebensziele, Finanzen und Ideen. Es half mir dabei, meine Ziele besser verfolgen zu können und meine Kreativität auszudrücken, indem ich alle meine Gedanken, die in meinem Kopf umherschwirrten, niederschrieb. Indem ich sie aufs Papier brachte, entlastete ich mein Gehirn und kam so besser zur Ruhe. Es schärfte außerdem meinen Blick für Slow Living und Achtsamkeit. Während meiner Zeit als umtriebige Geschäftsfrau hatten diese Themen keinen Platz in meinem Alltag. Doch nun, als die Businessfrau fort war, öffneten sich die Türen für Dankbarkeit und Muße. Was früher eine Last für mich gewesen war und mich vom Arbeiten abgehalten hatte, konnte ich jetzt mit Freude und innerer Ruhe angehen. Ob ich in der Küche stand und für meine Familie kochte oder im Wald spazieren ging, ich hatte wieder Freude daran und es machte mich wirklich glücklich. Zumindest die Waldspaziergänge.

Auch das Thema ‹Geld› wollte ich entspannter angehen. Weil wir wussten, dass wir künftig mit weniger Einkommen zurechtkommen mussten, befassten wir uns das erste Mal ernsthaft und strategisch mit unseren Finanzen. Wir ließen uns von unabhängigen Finanzmentoren beraten, die so jung waren, dass sie unsere Kinder hätten sein können. Darin sahen wir aber keinen Nachteil. Im Gegenteil, diese jungen Leute hatten wir sorgfältig ausgesucht, weil wir darin eine Chance sahen, den Anschluss an die Veränderungen in der Geldwirtschaft nicht zu verpassen. Denn eines war unübersehbar: Das Finanzsystem, mit dem wir aufgewachsen waren, befand sich im Wandel, und die Ära der alteingesessenen

Silberfüchse in den Banken ging langsam dem Ende entgegen.

Wir eigneten uns immer mehr Finanzwissen an und setzten es Schritt für Schritt um. Als Erstes vereinfachten wir unser Bankkonten-Chaos. Mein Mann und ich hatten bestimmt um die zwölf Konten: gemeinsame für den Lebensunterhalt, Sparkonten für die Kinder, Firmenkonten, Vorsorgekonten, Freizügigkeitskonten, diverse Privat- und Sparkonten für ihn und mich. Und jedes dieser Konten kostete monatlich eine Heidenmenge Geld. Die stolzen Kosten für die Kontoführung überschritten die mickrigen Zinsen um ein Mehrfaches.

Wir machten einmal mehr Tabula rasa und kündigten fast alle Konten. Am Ende hatte mein Mann noch ein Privat- und ein Vorsorgekonto. Ich behielt ein Privatkonto und ein Freizügigkeitskonto. Letzteres allerdings gezwungenermaßen. Darauf war mein Pensionsgeld parkiert und es musste unangetastet bleiben, von Gesetzes wegen. Um dieser Vergeudung zumindest ein wenig entgegenzuwirken, blieb mir nur die Möglichkeit, es in einen Anlagefonds umzuwandeln. Und zwar in einen nachhaltigen, passiv gemanagten. Immerhin erhöhte die Umwandlung in den Fonds die Chance, Erträge zu erwirtschaften, während das Geld auf dem Konto infolge der Inflation zwangsläufig an Wert einbüßte. Die Sparkonten unserer Jungs lösten wir ebenfalls auf, und eröffneten bei einem Online-Broker ein Aktien-/ETF-Depot.

Gleichzeit wurde uns auch bewusst, dass wir unsere Fixkosten auf ein Minimum reduzieren mussten, wenn wir frei und flexibel sein wollten. Deshalb sahen mein Mann und ich all unsere Versicherungen durch und prüften, ob sie wirklich notwendig waren – und wenn ja, ob die Versicherungssumme realistisch war.

Wir machten eine Liste mit allen Abos und kündigten jedes, das wir nicht zwingend brauchten. Sofern es nicht essenziell für unsere Arbeit war, sondern einfach nur ein netter Zusatz, musste es im Zuge unserer Einsparungen über die Klippe springen. So konnten wir unsere monatlichen Abokosten von über 800 Franken auf ein Viertel davon senken.

Des Weiteren verfassten wir eine Übersicht über alle unsere Einnahmen und Ausgaben. Zusätzlich erstellten wir ein Budget für unsere Lebensmitteleinkäufe und sonstigen Ausgaben. So bekamen wir einen guten Überblick und sahen die Zahlen Schwarz auf Weiß. In der Praxis merkten wir derweil, dass wir, wenn wir uns einschränkten, auch mit weniger Einkommen ganz gut zurechtkamen. Natürlich war unser Ziel nach wie vor, ein passives Einkommen aufzubauen, aber das funktionierte nicht von heute auf morgen. Aber wir konnten heute damit beginnen, damit wir in der Zukunft ein selbstbestimmtes Leben führen können. Ein sanftes, friedliches und einfaches Leben. Ich denke, das wäre für mich genug.

Schulsachen der Kinder

Vor den Sportferien brachten die Kinder viele Hefte, Zeichnungen und Basteleien mit nach Hause. Ich nahm dies zum Anlass, mich endlich einmal um ihre alten Schulsachen zu kümmern. Dazu benötigte ich natürlich die Hilfe meiner beiden Söhne. Gemeinsam sahen wir alles durch und entschieden, was wir behalten wollten. Alte Schulbücher und Hefte sortierten wir aus, aber die Aufsatzhefte behielten wir, da die Kinder darin ihre besonderen Erlebnisse geschildert hatten. Es macht immer Spaß, die Aufsätze später erneut zu lesen und sich an vergangene Ereignisse zu erinnern. Einige ausgewählte Zeichnungen behielten wir ebenfalls und bewahrten sie in individuellen Körbchen für jedes Kind auf. Der Rest durfte unser Zuhause verlassen.

EXTRA-TIPP: Als Alternative zum physischen Aufbewahren ist es auch möglich, die Zeichnungen und Basteleien zu fotografieren und ein hübsches Fotobuch zu erstellen.

Kinderzimmer

Im Zuge unserer Aufräumaktion stellte sich heraus, dass meine Kinder zwar durchaus eine Vorliebe für materielle Dinge hatten. Dennoch war es für sie kein Problem, sich von überflüssigen Habseligkeiten zu trennen. Sie waren bereitwillig dabei, als ich vorschlug, ihre Zimmer auszumisten. Mein Zweitgeborener erwies sich sogar als regelrechter Meister des Entrümpelns. Wir saßen gemeinsam auf dem Boden und gingen seine Spielsachen durch, vom einzelnen

Legostein über die Traktoren bis zum Mistzetter. Er entschied schnell und entschlossen, was er behalten wollte und was nicht. So rauschten wir durch seine Besitztümer wie Elon Musks Falcon 9 durchs Weltall.

Als wir uns dem Kleiderschrank widmeten, wusste er ganz genau, was er noch anziehen wollte und mit welchen Klamotten er auf keinen Fall mehr vor die Türe gehen würde. Das Aussortieren hatte einen bemerkenswerten positiven Effekt: Sein Schrank bot nun genug Platz für Kleidung, die ihm noch zu groß war und die bisher in einer Kiste im Keller gelagert war. So hatte ich aber keinen Überblick über die Anziehsachen, die wir noch hatten, und verpasste oft den richtigen Zeitpunkt, sodass ihm die Kleider manchmal schon zu klein waren, wenn ich sie nach oben holte.

In der Teenie-Höhle des Erstgeborenen folgte ich dem gleichen Schema. Auch er hatte keine Schwierigkeiten damit, zu entscheiden, was er behalten wollte und was nicht. Nur einen Unterschied konnte ich ausmachen: Mein Teenie hing an mehr Besitz als sein jüngerer Bruder, was aber auch vollkommen in Ordnung war. Es lag mir sehr am Herzen, niemanden zu zwingen, sich von Dingen zu trennen, die er behalten wollte. Ich war überzeugt, dass es nicht hilfreich wäre, meinen Hang zum Reduzieren den Jungs aufzuzwingen. Umso schöner war es, zu beobachten, wie sehr sich die Kinder über ihre übersichtlichen und aufgeräumten Zimmer freuten.

Ein kleiner Input, was du mit den Kiddies alles aussortieren könntest:

☐ Kleider

☐ Skianzüge, Mützen, Handschuhe

☐ Schuhe

☐ Defektes und ungenutztes Spielzeug

☐ Bücher

☐ Gesellschaftsspiele

☐ Bastelutensilien

☐ Malstifte aller Art

☐ Papier, Bastelbögen

☐ Puzzles und einzelne Puzzleteile

☐ Poster und Bilder

☐ Instrumente

☐ Sportausrüstungen

☐ Videospiele

☐ Krimskrams: Fidget Spinner, Spielzeug aus Kinderüberraschungen, Sammelkarten, Sticker, Schlüsselanhänger etc.

EXTRA-TIPP: Was allgemein nützlich ist, gilt auch fürs Kinderzimmer: Jeder Gegenstand braucht sein eigenes Zuhause. Wenn alles an seinem Platz liegt, wissen die Kurzen genau, wo sie ihre Sachen finden können. Und noch besser: Sie wissen auch, an welchen Ort sie die Dinge wieder zurücklegen müssen. Also her mit den Körben, (Schatz-)Kisten und Schubladen und artig alle Legosteine, Fahrzeuge, Bücher und Puzzles sortieren und allem ein Zuhause geben.

Für den Erstgeborenen beschriftete ich zudem die Schreibtischschubladen mit dem Namen der verschiedenen Schulfächer. In einer perfekten Welt hätte er so seine Schulsachen blitzschnell zusammenpacken können. Funktionierte bei uns natürlich nicht. Aber was willst du machen, wenn der Teenie das Chaos zelebriert und sein Schulzeug bevorzugt weit verstreut auf seinem Schreibtisch ausbreitet …

Abstellkammer oder Wandschrank

Ich liebe unsere Abstellkammer! Sie bietet uns genügend Platz für Putzutensilien, Werkzeug, Vasen, Vorräte und vieles mehr. Und gerade weil man so viele verschiedene Dinge in Abstellkammern oder Wandschränken lagert, wird es dort schnell einmal unordentlich.

Total motiviert machte ich mich ans Werk und räumte die gesamte Abstellkammer aus. Zugleich ordnete ich alles nach Kategorien wie zum Beispiel Putzutensilien und Putzmittel, Vorräte, Werkzeuge etc. Danach räumte ich eine Kategorie nach der anderen wieder ein und schaffte so eine übersichtliche Struktur.

Der Effekt war verblüffend. Und obwohl wir hier nur von einer Abstellkammer sprechen, strahlte der Raum nun so viel Ruhe aus, dass wir bei jedem Betreten von einem Gefühl der Freude und Zufriedenheit erfüllt wurden. Zudem war nun alles leicht zugänglich, und wir konnten schnell und einfach finden, was wir brauchten.

Abstellkammer oder Wandschrank in nur wenigen Schritten organisieren:

1. Alles ausräumen
2. Gegenstände nach Kategorien ordnen, beispielsweise Putzutensilien, Werkzeuge, Vorräte, Medikamente etc.
3. Eine Kategorie nach der anderen aussortieren
4. Übersichtliche Struktur beim Einräumen schaffen, indem Regale, Aufbewahrungsboxen oder andere Aufbewahrungslösungen zur Anwendung kommen

Wenn alles an seinem Platz ist, wird deine Abstellkammer zu einem Ort der Freude und Ordnung, statt ein Synonym für Chaos zu sein. Du wirst überrascht sein, wie viel Platz du durch diese Neuorganisation gewinnen kannst und wie viel einfacher dein Leben dadurch wird.

Medikamente

1. Medikamente nach Anwendungsgebieten sortieren: Schmerzen, Erkältungen, Allergien etc. Medizinische Hilfsmittel ebenfalls übersichtlich ordnen: Pflaster, Verbände etc.

2. Das Haltbarkeitsdatum der Arzneimittel checken. WICHTIG: Medikamente in die Apotheke zur Entsorgung bringen. Wenn sie im Haushaltsmüll landen, können sie in den Boden oder ins Grundwasser gelangen, wo sie eine Gefahr für Tiere, Pflanzen und die Umwelt darstellen.

3. Vitamine und Nahrungsergänzungsmittel nicht vergessen und ebenfalls auf ihr Haltbarkeitsdatum überprüfen.

EXTRA-TIPP: Ich kaufte bei Ikea das kleine Schubladenmöbel ‹MOPPE›. Jede Medikamentenkategorie bekam eine Schublade, die ich entsprechend beschriftete (natürlich mit dem P-touch). So finde ich das gesuchte Arzneimittel ruckzuck!

Vasen, Einmachgläser und sonstige Glasbehälter

Vasen besaß ich mehr als genug, obwohl ich nur im Frühling und im Sommer Blumensträuße aufstellte. Letztendlich behielt ich nur eine kleine und eine große Vase. Und zwar die beiden, die mir am besten gefielen. Alle anderen wanderten – genau, du ahnst es schon – in die ‹Toni-Kiste›.

EXTRA-TIPP: Stark verschmutzte Vasen bekommt man mit dem Hausmittel Natron im Nu wieder sauber. Einfach ein Päckchen Natron in warmem Wasser in der Vase auflösen und einige Zeit einwirken lassen, schrubben und fertig.

Vorräte

Nachdem ich bei unserem letzten Umzug kistenweise Lebensmittel und Drogerieartikel einpacken musste, beschloss ich, grundsätzlich keine Vorräte mehr zu horten. Eine Ausnahme machte ich nur bei essenziellen Medikamenten. Für alles andere galt: Wenn ich das Produkt zu jeder Zeit und für weniger als 20 Franken nachkaufen kann, muss ich keine Reserven im Haus haben. Dies zumindest in der Theorie. In der Praxis sah es leider so aus, dass sich trotz meines guten Vorsatzes in der Zwischenzeit wieder einige Vorräte angesammelt hatten, die es nun zu ordnen galt. Zuerst sortierte ich die Artikel nach Kategorien: Zahnpasta, Ersatzzahnbürstenköpfe, Duschgels, Putzlappen usw. Danach räumte ich alles gut überschaubar wieder ein, damit wir auf einen Blick sehen konnten, was wir noch vorrätig hatten. Auf diese Weise ließen sich unnötige Einkäufe in Zukunft vermeiden.

Diese Vorräte können aufgebraucht, ausgemistet werden:

☐ Putzmittel und Putzutensilien wie Lappen, Schwämme

☐ Zahnpasta, Zahnbürsten, Zahnseide

☐ Duschmittel, Shampoos, Deos, Seifen, Sonnencreme

☐ Glühbirnen und Batterien

Putzmittel

Wir hatten so viele Reinigungsmittel, Lappen und Schwämme, dass ich mich ernsthaft fragen musste, woher der ganze Kram kam. Auf jeden Fall sortierte ich zunächst alles nach Kategorien: Fensterputzmittel, Toilettenreiniger, Küchenreiniger, Autopflegeprodukte usw. Dann füllte ich die Flaschen mit Nachfüllpackungen auf und stellte für mich ein Putzkörbchen zusammen. Somit hatte ich alle Putzutensilien, die ich regelmäßig brauchte, schnell parat. Die Autoputzmittel und Pflegeprodukte verstaute ich ebenfalls in einer separaten Autoputzbox.

Ich nahm mir vor, jedes aufgebrauchte Putzmittel in Zukunft durch ökologische Alternativen wie Essig, Natron oder Zitronensäure zu ersetzen. So können wir unsere Putzmittelsammlung auf ein Minimum reduzieren und tragen außerdem dazu bei, die Umweltbelastung zu verringern.

Elektroartikel und Kabel

Kabel, wohin man sah. Mehrfachsteckdosen, Verlängerungsschnüre, Internetkabel, diverse Kabel, um irgendetwas zu laden (vielleicht Skechers oder die Velolichter der Kinder?). Ich hatte keinen Plan, es war ein richtiger Kabel-Albtraum. Um mir einen Überblick zu verschaffen, ordnete ich die Ladekabel als Erstes den entsprechenden Geräten zu. Die, die ich identifizieren konnte, umwickelte ich mit Klebeband und beschriftete sie entsprechend. Die nicht zuzuordnenden Kabel entsorgte ich. Von den restlichen Kabeln behielt ich nur diejenigen, die wir regelmäßig benötigten, das heißt, ein Verlängerungskabel und eine Mehrfachsteckdose.

Ich entschied mich auch dafür, ein Blu-ray-Gerät, zwei alte Laptops, zwei Taschenlampen und ein Handy zu entsorgen, wobei ich darauf achtete, dies sachgerecht zu tun. Die Festplatten der Laptops ließ ich von einem Fachmann löschen. Da ich auch sensible Kundendaten auf den alten Geräten hatte, war ich etwas paranoid und wollte sicherstellen, dass alle Daten dauerhaft eliminiert waren. Und zwar richtig weg waren, nicht dass sie noch irgendwo in einem verborgenen Papierkorb herumschwirrten.

Ordnung beim Elektrokram – eine kleine Inspiration, was du überprüfen und gegebenenfalls aussortieren kannst:

☐ Defekte Elektrogeräte: Radios, CD-Player, Handys, Laptops etc.

☐ Verlängerungsschnüre

☐ Ladekabel aller Art

☐ Internet-, Druckerkabel etc.

☐ Mehrfachsteckdosen

☐ Taschenlampen

Werkzeug

Ich persönlich würde nur einen Hammer und vielleicht einen Meterstab benötigen. Mein Mann braucht zwar ein paar Werkzeuge mehr, aber sicher nicht jedes in mehrfacher Ausführung. Also sortierten wir diejenigen aus, die wir doppelt und dreifach hatten. Zudem besaßen wir tonnenweise Dübel und Schrauben aller Art, die wir in hundert Jahren nicht gebraucht hätten. Die ausgesonderten Sachen brachte ich zu unserem Freund Toni, der sie gerne haben wollte. Für das Werkzeug, das wir behalten wollten, besorgten wir uns eine Werkzeugkiste.

EXTRA-TIPP: Heutzutage muss man nicht mehr jeden Bohrer und jede Säge selbst besitzen. Einfach den Nachbarn fragen oder auf entsprechenden Plattformen beziehungsweise im Bauhaus mieten.

Verpackungsmaterial für Geschenke

Geschenkpapier, Bänder und Anhänger besaßen wir im Überfluss. Auch in diesem Bereich konnte ich einiges reduzieren. Zu kleines, zerknittertes oder zu dickes Papier entsorgte ich sofort, da es sich nicht zum Einpacken von Geschenken eignet. Außerdem schaute ich alle Bänder, Anhänger und Präsenttaschen durch und sortierte alles aus, was mir nicht mehr gefiel.

Lange Zeit hatte ich keine praktische Aufbewahrungslösung für Geschenkpapier und Zubehör gefunden. Deshalb verwendete ich vorübergehend die Kickboard-Verpackung, welche sich wegen ihrer langen, flachen Form gut dafür eignet. Nicht die eleganteste Lösung, aber immerhin war so das verbleibende Geschenkmaterial ordentlich aufbewahrt. Als ich vor einiger Zeit bei IKEA war, fand ich dann doch noch einen passenden Behälter. Ich nahm ‹SKUBB› mit nach Hause und bin bis jetzt sehr zufrieden mit seinen Diensten.

EXTRA-TIPP: Damit sich das Geschenkpapier nicht ständig abrollt und zerknittert, schnitt ich den Karton einer aufgebrauchten Toilettenpapierrolle der Länge nach auf und stülpte ihn über die Geschenkpapierrolle. So bleibt das Papier fest an seinem Platz und sieht ordentlich aus. Auf diese Weise lässt es sich auch senkrecht im Korb aufbewahren.

Diverses

Bei der Entscheidung, welche Dinge ich behalten wollte, stellte ich mir stets folgende Fragen: Benutze ich den Gegenstand überhaupt? Und welche Anzahl ist realistisch? Wir besaßen zum Beispiel viel zu viele leere Kartonkisten, für den Fall, dass wir einmal etwas versenden müssen. Außerdem stellte sich heraus, dass wir das Bügeleisen und das Bügelbrett, welches mein Mann mit in unsere Ehe schleppte, noch kein einziges Mal benutzt hatten. Es mag daran liegen, dass ich keinen blassen Schimmer hatte, wie ein Bügeleisen funktionierte, da ich noch nie in meinem Leben gebügelt hatte. Und weil ich auch in Zukunft nicht vorhatte, es zu tun, verkaufte ich das Gerät über eine Online-Plattform.

Diverse Gegenstände, die sich oft unbemerkt ansammeln:

☐ Leere Kartonschachteln

☐ Papiertüten, Plastiktüten, Jutebeutel etc.

☐ Unbenutzte Haushaltsgeräte, wie Bügeleisen und Bügelbrett

☐ Kleine Ersatzteile und Spezialwerkzeuge für Möbel

☐ DIY-Materialien, die du nicht mehr benötigst

☐ Schlüsselanhänger

☐ Schlüssel, von denen keiner mehr weiß, wofür sie sind

☐ Kabelbinder, Klebeband

☐ Batterien

☐ Aschenbecher

Äussere Reduktion = Innerer Frieden

Ich war glücklich. So gelassen und zufrieden hatte ich mich seit Monaten nicht mehr gefühlt. Ich war unbeschreiblich dankbar, dass ich mich endlich ganz meinen Kindern widmen konnte, ohne ständig eine nie endende To-do-Liste im Hinterkopf zu haben. Ich genoss meine täglichen Spaziergänge durch den Wald, wo ich wunderbar abschalten konnte. Besonders bei trübem Regenwetter hätte ich stundenlang weiterlaufen können. Darüber hinaus gönnte ich mir regelmäßige Besuche bei der Kosmetikerin zur dauerhaften Haarentfernung. Das war ein weiterer Schritt, mir mein Leben einfacher zu machen. Und ganz nebenbei konnte ich so auch gleich den Rasierschaum und die Plastikrasierer entsorgen. Und nach diesen Terminen konnte ich es jeweils kaum abwarten, zu Starbucks zu stürmen, um meinen geliebten Latte zu holen.

In den vergangenen Jahren hatte ich nur To-do-Listen abgearbeitet und die Alltagsaufgaben bewältigt. Ich hatte völlig vergessen, wie wohltuend es sich anfühlte, etwas nur für mich zu tun. Natürlich arbeitete ich gerne. Ich liebte die Herausforderungen und es gab Zeiten, da blühte ich richtig auf, je mehr Arbeit ich hatte. Aber mein Leben blieb eben nicht stehen. Die Gegebenheiten um mich herum änderten sich. Die Kinder wurden größer und hatten andere Bedürfnisse, brauchten mehr Support in schulischen Belangen. Auch ich wurde älter und mein Fokus verschob sich ebenfalls: weg von Karriere und Materiellen, hin zum Wunsch nach einem gemächlicheren Lebenstempo. Das Gleichgewicht zwischen

Arbeit und Freizeit war bei mir schon lange nicht mehr in Einklang. Die Balance war aus dem Ruder geraten, weil ich morgens nur noch aufstand, um To-dos abzuarbeiten. Vor einigen Jahren konnte ich das noch locker wegstecken. Doch nun fühlte ich mich zunehmend gehetzt, leer und ausgebrannt. Ich war richtig genervt und Worte können kaum beschreiben, wie sehr ich all den Businessscheiß satt hatte! Und kein Geld der Welt hätte das auf irgendeine Art und Weise aufwiegen können. Denn wenn es meinen inneren Frieden kostet, ist es definitiv zu teuer. Interessanterweise begann mein, nennen wir es mal Befreiungsschlag, mit dem Ausmisten meines materiellen Umfeldes, aber er endete mit einem Gefühl des inneren Friedens. Mit jedem Gegenstand, den ich aus meiner Wohnung entfernte, und mit jeder geschäftlichen Beziehung, die meinen Kopf verließ, schuf ich Platz für neue Energie. Es schien, als ob die äußere Reduktion und die innere Ordnung Hand in Hand gingen.

Obwohl es Frühling war, herrschten bereits sommerliche Temperaturen. Ich hielt es für einen guten Zeitpunkt, um den Keller in Angriff zu nehmen, denn es war auch eine willkommene Gelegenheit, der unerträglichen Sonne zu entfliehen. Für mich gab es kaum etwas, das meine Laune und Motivation schneller auf den Nullpunkt sinken ließ als eine grell vom Himmel scheinende Sonne. Der Sommer und ich würden niemals Freunde werden. Am liebsten hätte ich einen auf Prinzessin Vlad gemacht; irgendwo im Dunkeln kopfüber gewartet, bis es endlich wieder September ist. Jeder, der mich jemals kennenlernte, fand dies so außerirdisch, dass ich mich in der Vergangenheit schon dazu genötigt gefühlt hatte, meine Eltern zu fragen, ob wir transsilvanische Vorfahren hätten. Doch jedes Mal kam dieselbe Antwort seitens meines Vaters: Er wisse es nicht, denn ich sei im Lebensmittelgeschäft vom Regal in ihren Einkaufswagen gefallen. Diese Antwort erklärt eigentlich auch schon einiges. Wie dem auch sei, ich schnappte mir meinen Mann und erklärte ihm mein Vorhaben. Er musste mithelfen, da im Keller auch Sachen von ihm lagerten. Ich würde niemals Gegenstände von Familienmitgliedern ungefragt entsorgen.

Keller / Dachboden / Garage

Zuallererst räumten wir den gesamten Keller leer. Danach sortierte mein Mann seine persönlichen Gegenstände und Dokumente aus und ich widmete mich unserem Archiv. Zuerst sortierte ich alle Dokumente nach Jahr und ob sie privater oder geschäftlicher Natur waren. Dann packte ich sie nach Jahren sortiert in Kisten und beschriftete diese mit Inhalts- und Jahresangaben. Da ich immer mal wieder auf alte Unterlagen zurückgreifen musste, war es mir wichtig, dass ich sie in Zukunft schnell finden konnte.

Am Ende entschieden wir gemeinsam, was mit den gelagerten Dingen passieren sollte, die uns beiden gehörten. Schließlich gaben wir zwei von drei Schlafsäcken weg. Außerdem trennten wir uns von einem Zelt, diversen Schuhen, Outdoor-Spielzeug und alten Koffern. Auch zwei Schlitten und zwei Ventilatoren, die wir nie gebraucht hatten, durften gehen.

Wir konnten kaum glauben, dass wir jetzt einen halb leeren Keller hatten! Alles, was noch drin war, hatte seine Daseinsberechtigung. Wir waren fertig mit den Zeiten, in denen alles in den Keller gestellt wurde, nur damit es schnell aus dem Weg war und wir uns keine Gedanken über den tatsächlichen Nutzen machen mussten. Denn im Kopf und im Unterbewusstsein war der ganze Krempel sehr wohl noch da.

Mit einem breiten Grinsen im Gesicht winkten wir Tonis Lieferwagen hinterher, der einmal mehr randvoll mit unserem Kram davonfuhr.

Folgende Gegenstände im Keller, auf dem Dachboden, in der Garage könntest du entrümpeln:

☐ Sportausrüstungen und Sportartikel

☐ Schlitten, Skier und Snowboards

☐ Campingausrüstung

☐ Outdoor-Artikel

☐ Hobbyutensilien und Spielzeug

☐ Sommer-, Winterschuhe

☐ Schuhputzzeug

☐ Kinderkleider und -schuhe, die zu klein sind

☐ Alte Möbel und Einrichtungsgegenstände, die du nicht mehr magst oder brauchst

☐ Kartons, Dosen, Flaschen, Kleider etc. für den Recyclinghof

☐ Übriggebliebene Farbe und andere Baumaterialien, die du nicht mehr benötigst

☐ Produkte zur Schädlingsbekämpfung

☐ Automobilzubehör und -ausrüstung sowie alte Reifen

Meine einfachen Freuden

Es waren noch vier Wochen bis zu unserer Abreise nach Amerika. Wir waren mit den meisten Vorbereitungen super im Zeitplan. Die Fotos unserer Wohnung für die Vermietungsplattform waren im Kasten und für unseren Tesla hatten wir auch einen ‹Babysitter› gefunden. Der Großteil unserer Sachen war bereits eingepackt, und die Umleitung unserer (inzwischen spärlichen) Post an meine Schwester war ebenfalls in die Wege geleitet. Alle nötigen Unterlagen und Schreiben für die Botschaft waren fertig. Lediglich mit unserem Visum wurde es knapp. Obwohl wir den Visumantrag bereits im Februar gestellt hatten, bekamen wir unseren Termin auf der Botschaft erst Anfang Juli, zwei Wochen vor unserer Abreise. Da wir den Umstand nicht ändern konnten und ich mir geschworen hatte, dass ich mir keine Sorgen mehr im Voraus machen würde, nahmen wir es, wie es kam. Außerdem hatten wir noch unzählige andere Termine: einen OP-Termin für unseren Zweitgeborenen, Zahn- und Arzttermine für beinahe die gesamte Familie, Schulaufführungen, Geburtstagsessen und eine Besprechung mit der Online-Schule, welche den Unterricht für unsere Jungs übernahm, während wir in Amerika weilten.

Zu meiner Freude hatte mein Mann mittlerweile ebenfalls erkannt, wie befreiend das Aussortieren sein kann. Da wir für unsere ganze Familie nur zwei große Koffer und zwei Handgepäckstücke mitnahmen, konnten wir ohnehin nur das Nötigste mitnehmen. Deshalb beschloss er, gleichzeitig auch den Rest seiner Sachen durchzusehen und sich von Ballast zu befreien.

Mein Amazon-Business machte ausnahmsweise keine Probleme. Zumindest keine, die schnelles Eingreifen erforderten. Meine Produkte wurden gekauft, allerdings waren die Werbekosten so hoch, dass man den Gewinn mit der Lupe suchen musste. Dieses Problem war mir bekannt und ich hatte auch schon meinen Account-Manager damit beauftragt, die Werbekampagnen zu ändern. Und dann, wie aus dem Nichts, bekam ich eine erfreuliche Nachricht von meinem Spediteur: Meine Waren, die sich auf dem havarierten Schiff befanden, waren bereits in einwandfreiem Zustand in meinem Zwischenlager in North Carolina angekommen. Was für ein herrliches Gefühl, wenn sich Probleme von alleine lösten! Ich war begeistert von dieser großartigen Nachricht und fühlte mich in meiner Erkenntnis bestätigt, dass es sich nicht lohnte, sich Sorgen über Dinge zu machen, die noch nicht eingetroffen sind oder deren Ausgang ungewiss ist.

Zwischen den vielen Terminen im Zuge unserer Reisevorbereitungen fragte ich mich manchmal, wie ich das alles geschafft hätte, wenn ich meine beruflichen Verpflichtungen nicht drastisch reduziert hätte. Allmählich wurde mir bewusst, dass ich jahrelang nur funktioniert hatte. Meine ganze Energie musste ich darauf verwenden, halbwegs den Tag zu überstehen. Jetzt konnte ich endlich wieder die kleinen Freuden des Alltags genießen. Ich hätte es nicht für möglich gehalten, dass mich der süß-blumige Duft einer Hyazinthe dermaßen entzücken konnte. Die sympathische Stimmung eines klaren Sommermorgens erfüllte mich mit Zufriedenheit, und der frische Duft von Heu in den Abendstunden versetzte mich in meine unbeschwerten Jugendjahre zurück, als ich jeden Tag mit meiner Cousine auf dem Pferdehof verbracht hatte. Ich war unendlich dankbar für meine Familie und für alles, was ich besaß. Je weiter mein Mann und ich uns von unserem überfüllten Leben entfernten, desto mehr entdeckten wir das Potenzial und die Möglichkeiten unseres neuen Lebens. Und das war ein unbezahlbarer Gewinn für unsere ganze Familie.

Dinge loszulassen, die uns nicht mehr dienten, war ein bedeutender Schritt in Richtung eines einfacheren und erfüllteren Lebens. Auch das Weglassen von Nachrichten und Wettervorhersagen hat sich bewährt. Wir bemerkten, dass das Konsumieren von Nachrichten uns nicht guttat. Das war auch kein Wunder, denn 99 % der Meldungen waren negativ und betrafen uns meistens nicht einmal direkt. Trotzdem hatten sie negative Auswirkungen auf unsere Psyche und waren außerdem auch schlecht für eine positive Lebenseinstellung. Deshalb beschlossen wir eines Abends, das Schauen dieser negativen Informationsflut sein zu lassen. Falls wirklich einmal etwas passieren sollte, das wir wissen müssten, würden wir es ohnehin erfahren. Also löschte ich auch gleich alle News-Apps von meinem Smartphone.

Die Wettervorhersage schenkten wir uns ab diesem Zeitpunkt ebenfalls. Ich ärgerte mich seit Jahren über die wertende Präsentation: Sonne und hohe Temperaturen wurden als gut dargestellt, bei Aussicht auf Regen und Wolken wurden furchtbar traurige Mienen aufgesetzt. Aber wollen die wirklich, dass es nie regnet und jeden Tag die Sonne scheint?

Also weg mit den Wettervorhersagen. Ab diesem Zeitpunkt nahm ich das Wetter, wie es kam, und mein Mann freute sich, dass er meine sarkastische Co-Moderation der Prognosen nicht mehr ertragen musste. Die Wetter-App verbannte ich in den hintersten Ordner meines Handys, den ich selten öffnete. Am liebsten hätte ich sie ganz gelöscht, aber auf die Unwetterwarnungen wollte ich nicht verzichten. Noch nicht.

Seitdem wir uns die Nachrichten- und Wetterberichte sparen, empfinden wir mehr Frieden und Unbekümmertheit. Es war eine gute Entscheidung, und es wurde immer klarer, dass wir uns auf dem richtigen Pfad befanden.

EXTRA-TIPP: Falls du dich nicht nur aufs Buschtelefon verlassen willst, um halbwegs informiert zu bleiben, gibt es verschiedene Möglichkeiten, personalisierte Nachrichten zu erhalten. Beispielsweise kannst du bei vielen Internet-Browsern deine Startseite individuell einrichten, sodass sie dir deine bevorzugten Nachrichtenquellen präsentiert. Es gibt zudem zahlreiche News-Apps, die die angezeigten Inhalte auf deine Interessen, dein Leseverhalten und deine Aktivitäten abstimmen.

Endspurt

Unsere Wohnung glich schon beinahe einer Airbnb-Unterkunft. Das sollte sie auch, denn in zwei Wochen bestiegen wir unseren Flieger nach Miami. Ja ich weiss, Miami: endless Sommer, Sonne und unerträglich heiss. Bestimmt nicht meine Wunschdestination. Aber als Ausgangspunkt für unsere Ostküstenreise bot sie sich prima an. Ausserdem war es wieder einmal eine gute Gelegenheit, über meinen Schatten zu springen und mich auf etwas einzulassen, wozu ich normalerweise nicht bereit gewesen wäre. Ich konnte es kaum erwarten, bis es losging und das Abenteuer begann. Denn diese Reise war wichtig für unsere Familie, damit mein rastloser Ehemann endlich einmal runterfahren musste, damit die Jungs weit weg von ihren Spielkonsolen waren, und auch für mich, damit ich aus meiner wohligen Komfortzone rauskommen musste. Ich hatte das Gefühl, dass dies dringend nötig war, um nicht noch eigenartiger zu werden, als ich eh schon war. Mittlerweile fühlte ich mich sogar schon unbehaglich, wenn ich zum Briefkasten ging und keine Post darin lag, weil ich nicht gesehen werden wollte, wenn ich unverrichteter Dinge wieder zurück ins Haus schleichen musste. Das klingt schon geisteskrank, wenn ich darüber schreibe. Der Erstgeborene verzog jedes Mal sein Gesicht, wenn ich ihn bat, nach der Schule in den Briefkasten zu schauen. Kopfschüttelnd und mit einem Lächeln tat er es auch artig, um es dann mit einem »Du bist so lost!« zu kommentieren. Darüber hinaus konnte ich mir auch nicht vorstellen, wie es sein würde, so lange kein festes Zuhause zu haben und mich ständig an neuen Orten zurechtfinden zu müssen. Ich wusste nicht, wie ich damit zurechtkam, sechs Monate nie allein sein zu können. Ich war sehr gerne allein, damit ich meinen Ideen nachhängen und meine Gedanken päppeln konnte. Aber ich spürte, dass ich so was von bereit war, mich auf diese Erfahrungen einzulassen. Und zum Glück stand uns jetzt auch nichts mehr im Wege, denn unser Termin auf der amerikanischen Botschaft in Bern verlief reibungslos und wir erhielten das Visum. Anschließend nutzten wir die Gelegenheit, um einen Streifzug durch die Hauptstadt zu machen und uns vorzustellen, wie es sein würde, wenn wir solche Ausflüge in amerikanischen Städten unternahmen. Doch bis es soweit war, gingen die Jungs die letzten Tage vor unserer Abreise wie gewohnt zur Schule – und ich hatte noch Zeit, mich um das Thema Fotos und Fotoalben zu kümmern.

Fotos und Fotoalben

Wir besaßen etwa zwanzig Alben, eine Kiste mit losen Bildern und fünf Fotobücher. Als Erstes sah ich alle losen Fotos durch und entsorgte die langweiligen, unscharfen und ähnlichen. Auch Aufnahmen, die mich traurig machten oder negative Gefühle hervorriefen, sortierte ich aus. Pro Ereignis behielt ich nur wenige Erinnerungsfotos.

Mit den Alben ging ich gleich vor. Ich entnahm alle Bilder, die ich behalten wollte, und warf den Rest weg. Ich gebe zu, es war nicht leicht (schlechtes Gewissen, böses Karma …). Doch seien wir ehrlich: Wann würde ich vier Fotoalben von meiner Hochzeit jemals wieder anschauen? Außerdem waren so viele Bilder doppelt, dreifach, manchmal sogar vier-fach vorhanden, dass man sich geradezu zwingen musste, alle vier Alben durchzupflügen. Und das konnte wohl nicht das Ziel sein. Lediglich unsere Fotobücher schauten wir regelmäßig an. Sie waren in unserem Wohnzimmer leicht zugänglich platziert und sahen viel einladender aus als die schweren, altbackenen Alben.

Um mir die Entscheidung zu erleichtern, fragte ich mich bei jedem Foto: Macht es mich glücklich? Gibt es mir schöne Erinnerungen? Ist es ein Bild, das eines Fotobuches würdig ist? Wenn die Antwort dreimal ‹Ja› lautete, scannte ich es ein. Im Anschluss erstellte ich hübsche Fotobücher zu verschiedenen Themen, wie zum Beispiel Ferien in New York 2017.

Meine überzähligen Handyfotos hatte ich bereits aussortiert und gelöscht. Aus den übrigen, die ich in meiner Dropbox gespeichert hatte, wollte ich ebenfalls Fotobücher kreieren. Dieses Vorhaben stellte sich allerdings als sehr aufwendig heraus, weshalb ich vor unserer Abreise keine Zeit mehr dafür hatte. Es steht für nächstes Jahr auf meiner Liste.

So bekommst du Ordnung in deine Fotosammlung:

1. Trage sämtliche Bilder zusammen (die losen wie auch alle Alben).

2. Sortiere die Aufnahmen aus, die du nicht behalten möchtest, weil sie dir keine Freude bereiten, dich traurig machen, von schlechter Qualität sind oder mehrfach vorhanden sind.

3. Scanne lose Fotos ein, um sie digital zu speichern und Platz zu sparen.

4. Erstelle dir einladende Fotobücher, an denen du dich erfreuen kannst.

EXTRA-TIPP: Es gibt gute Gratis-Apps fürs Smartphone, um Analoge Fotos einzuscannen. Beispielsweise:

1. **Google Fotoscan**: Diese App ist leicht zu bedienen und erzielt eine gute Qualität beim Scannen von Fotos. Sie entfernt Reflexionen und bietet eine automatische Ausrichtung, um das Scannen zu erleichtern.

2. **CamScanner:** Diese App ist ebenfalls sehr einfach anzuwenden und bietet eine hohe Bildqualität.

Das Scannen von Fotos kann extrem zeitaufwändig sein. Wenn du sehr viele analoge Bilder hast, könntest du darüber nachdenken, den Scanauftrag an einen entsprechenden Dienstleister auszulagern.

Garten, Terrasse, Balkon

Zwei Tage vor unserer Abreise nahm ich mir unseren Garten vor. Dieser bestand nur aus einer kleinen Rasenfläche, die von Büschen umgeben war. Deshalb, und auch weil wir beide es nicht so mit Gärtnern hatten, besaßen wir kaum Gartenwerkzeug oder sonstige Geräte. Trotzdem fand ich ein paar wenige Gegenstände, die wir entsorgen konnten: zwei angekokelte Gartenstühle (der Zweitgeborene wollte sie zu einem Outdoor-Ofen umfunktionieren), einen kleinen verrosteten Ofen, eine Feuerschale und einen Blumentopf. Zusätzlich verkauften wir unseren Gasgrill, da er in den letzten drei Jahren unbenutzt geblieben war. Zum Grillen hatten wir den Mini-Ofen verwendet, der nun leider verrostet war.

Aufräumen im Freien – eine kleine Empfehlung, was du draußen alles ausmisten könntest:

☐ Gartenbedarf und -geräte

☐ Defekte Gartenmöbel

☐ Grill, Feuerschalen

☐ Gartenschlauch und -aufsätze

☐ Beschädigte Zäune

☐ Alte, gebrochene Blumentöpfe und -kästen

☐ Veraltete und defekte Gartenbeleuchtung oder Solarleuchten

☐ Abgenutzte Gartenhandschuhe oder Arbeitskleidung

☐ Veraltete oder defekte Gartendeko

☐ Tote Pflanzen

Die Freude über das Gehenlassen

Nun war er endlich da, der Tag unserer Abreise! Seit zwei Jahren fieberten wir diesem Tag entgegen. Und trotzdem hatte ich das Gefühl, dass es erst gestern gewesen war, als wir gemeinsam am Laptop ein geeignetes Airbnb irgendwo im Nordosten der USA gesucht hatten. Im Grunde waren wir alle vier äußerst genügsam – dachten zumindest mein Mann und ich, aber die Generation Z und Alpha würden uns in den USA noch eines Besseren belehren. Auf jeden Fall bedeutete unsere Genügsamkeit nicht zwangsläufig, dass nicht jeder seine kleinen individuellen Bedürfnisse hatte, die es bei der Suche nach einer geeigneten Unterkunft zu beachten galt. So musste es für den Teenie unbedingt ein Krankenhaus in akzeptabler Nähe des Hauses haben. Für den Zweitgeborenen mussten zwingend alle Kloschüsseln weiß sein und mein Mann wünschte sich einen Tesla Supercharger unweit unseres Domizils. Und was mich betraf: Ich konnte auf keinen Fall auf einen Kamin verzichten, dafür aber umso lieber auf Nachbarn.

Schließlich entschieden wir uns für ein wunderschönes weißes Holzhaus mit einem imposanten Schornstein aus roten Ziegeln, der auf der Seite des Hauses emporragte. Die halbrunde Ein- und Ausfahrt war von einem weißen Lattenzaun umgeben und an einer mächtigen Eiche neben der Einfahrt baumelte eine Schaukel. Die niedlichen Sprossenfenster wurden von dunkelgrauen Holzläden flankiert, und auf der Frontseite gab es einen einladenden Erker mit großen Panoramafenstern. Ich stellte mir bereits vor, wie mein Mann und ich auf der kleinen Veranda sitzen, einen Kaffee trinken und die Jungs durch das große, bewaldete Grundstück toben. Das im typischen Kolonial-Stil erbaute Haus befand sich im Hudson Valley, ungefähr 150 Kilometer nördlich von New York City.

Doch bevor wir uns ins Abenteuer stürzen konnten, mussten wir noch unsere persönlichen Sachen in den Keller bringen. Als mein Mann die letzte Kiste nach unten trug, waren wir erfreut und überrascht zugleich, denn wir hatten sogar noch Platz übrig. Nach einem letzten Kontrollblick in alle Zimmer schloss ich die Haustüre und hielt einen Moment inne. Jetzt ging das Abenteuer tatsächlich los!

Während wir mit dem Uber unsere Straße entlangfuhren, sah ich das Haus im Rückspiegel immer kleiner werden. Unwillkürlich dachte ich an all unsere Habseligkeiten, die in den letzten Monaten ebenfalls unser Heim verlassen hatten. Wie oft hatte ich Toni und seinem Lieferwagen hinterher gewunken, als er wieder mit einer Ladung unserer aussortierten Sachen wegfuhr. Es war ernüchternd, zu realisieren, wie viele Dinge wir besaßen, die wir weder mochten noch brauchten, ja, die sogar nutzlos waren. Und seltsamerweise bereitete es mir mehr Freude, sie loszuwerden, als sie zu besitzen.

Knapp zwei Jahre waren vergangen, seit ich an besagtem Oktobermorgen erschöpft und entkräftet beschlossen hatte, dass sich etwas ändern musste – dass ich mich ändern musste, um den erdrückenden Zustand der Überforderung zu beseitigen. Und als ich damals zögerlich damit begann, die ersten Dinge auszusortieren, hätte ich mir im Leben nicht träumen lassen, dass diese unscheinbare Handlung so viele einschneidende Veränderungen nach sich ziehen würde. Mein Mann und ich ließen nicht nur Hunderte von Gegenständen gehen, sondern auch ein Haus, zwei Teslas, zwei Firmen, ein Büro und ein, zwei unangenehme Personen. Wir haben diese Entscheidungen nie bereut.

Besitz kann belasten. Nun fühlten wir uns leichter, freier und waren dankbarer für alles, was wir noch besaßen. Wir verschwendeten keine Zeit mehr damit, unnötige Gegenstände zu verwalten, sie zu pflegen, herumzuschieben oder instandzuhalten. Stattdessen entwickelten wir ein Bewusstsein dafür, was wirklich wichtig ist in unserem Leben. Impulskäufe tätigten wir kaum noch, weil wir uns vor jedem Kauf überlegten, ob wir das Produkt wirklich brauchten und ob es uns genauso viel Freude bereiten würde wie die Dinge, die wir bereits besaßen.

Wie es nach der Zeit in Amerika weitergehen wird? Sicher werde ich unseren Haushalt nachhaltiger gestalten und mehr Achtsamkeit in mein Leben integrieren. Außerdem möchte ich meinen vier top Prioritäten die Zeit widmen, die sie verdient haben: An erster Stelle stehen meine Familie im Allgemeinen und meine Kinder im Speziellen, außerdem möchte ich endlich meinen Roman schreiben, meine Finanzen optimieren und für mehr Bewegung sorgen. Darüber hinaus möchte ich weitere Bereiche in meinem Leben vereinfachen. Diese Reise ist also noch lange nicht zu Ende!

Wie es geschäftlich für mich weitergehen wird? Ich habe keine Ahnung. Ich will das Leben auf mich zukommen lassen. Was gehen wird, darf gehen. Was kommen wird, darf kommen. Oder vielleicht auch nicht. Ich muss nicht immer einen Plan haben. Nur eines ist sicher: Ich würde noch immer lieber in einer Scheune mit Außenklo wohnen, als mich jemals wieder so entsetzlich unglücklich und ausgelaugt zu fühlen wie an jenem nebligen Oktobermorgen.

Eine gute Idee

✓ Mit Freude ans Aussortieren herangehen und die Leichtigkeit des Loslassens genießen.

✓ Ehrlich zu sich selbst sein.

✓ Sich mutig den unangenehmen Entscheidungen stellen.

✓ Sich ausreichend Zeit nehmen.

✓ Eine Kiste für die Gegenstände reservieren, von denen man sich, aus welchem Grund auch immer, noch nicht trennen kann.

✓ Die Kiste in einem Jahr nochmals anschauen und eine erneute Entscheidung treffen.

✓ Im Zweifelsfall lieber etwas zu viel behalten als Dinge zu früh weggeben.

✓ So viele Dinge behalten, wie man braucht, um sich wohlzufühlen und glücklich zu sein. Wenn einem die große Büchersammlung ungemein glücklich macht – sehr schön, behalten.

✓ Sich Gedanken darüber machen, welche Atmosphäre man in seinem Zuhause haben möchte, und dann zu allem ‹nein› sagen, was dem nicht entspricht.

Keine gute Idee

✗ Ohne zu fragen Gegenstände des Partners oder der Kinder entsorgen.

✗ Aussortierte Gegenstände nicht schnell genug aus dem Haus schaffen.

✗ Zu viel Zeit mit dem Verkauf von Gegenständen verbringen. Der Aufwand für das Fotografieren, Beschreiben, Beantworten von Fragen und Verpacken ist es oft nicht wert.

✗ Ein zahlenmäßiges Limit setzen für Gegenstände, die man besitzen ‹darf›. Im Gegensatz zu Amazon ist Entrümpeln KEIN Zahlenspiel.

✗ Auf das hören, was andere sagen. Der Besitz und die Bedürfnisse jedes Einzelnen sind einzigartig. Deshalb entscheidet jeder allein, wie viel Besitz er in seinem Leben haben möchte und was gehen darf.

✗ Einen Stress machen und nicht auf den Prozess vertrauen. Entrümpeln ist eine Reise, die Jahre dauern kann. Es ist deshalb wichtig, dass man geduldig bleibt, um langfristig eine Umgebung zu schaffen, in der man sich wohlfühlt.

Und zu guter Letzt

Dieses Buch habe ich während unserer sechsmonatigen Reise an der US-Ostküste geschrieben. Genau genommen im idyllischen Städtchen Rhinebeck im Bundesstaat New York. Am Rande des Hudson Rivers, umgeben von den farbigen Wäldern des Hudson Valleys, den entzückenden Häusern und den liebevollen Einwohnern, war es wirklich einfach, inspiriert zu sein. Eigentlich freute ich mich darauf, meinen Roman fertig zu schreiben. Doch als ich in unserem hübschen Haus mit dem großen Kamin, den weißen Toiletten, unweit des Krankenhauses und des Tesla Supercharger entfernt, von unzähligen Dekostücken und Möbeln beinahe erschlagen wurde, überkam mich eine unbändige Lust zum Entrümpeln. Weil ich Theresas Airbnb natürlich nicht entrümpeln konnte, begann ich stattdessen, über meine Suche nach einem einfacheren Leben zu schreiben. Die Worte fanden mühelos ihren Weg auf den Bildschirm, und das erste Mal seit Jahren kam ich wieder in einen Flow, der sich leicht und beschwingt anfühlte. Und nachdem die letzte Zeile geschrieben war und draußen der legendäre Indian Summer in seiner vollendeten Schönheit stand, überkam mich diese wohlige Wärme der Freiheit und Zufriedenheit, nach der ich mich die letzten Jahre so sehr gesehnt hatte.